EDITION **Leid**faden
Hrsg. von Monika Müller

Die Buchreihe *Edition Leidfaden* ist Teil des Programmschwerpunkts »Trauerbegleitung« bei Vandenhoeck & Ruprecht, in dessen Zentrum seit 2012 die Zeitschrift »Leidfaden – Fachmagazin für Krisen, Leid, Trauer« steht. Die Edition bietet Grundlagen zu wichtigen Einzelthemen und Fragestellungen im (semi-)professionellen Umgang mit Trauernden.

Matthias Schnegg

Was trägt?
Trauer und Spiritualität

Mit Illustrationen des Autors

Vandenhoeck & Ruprecht

Bibliografische Information der Deutschen Nationalbibliothek:
Die Deutsche Nationalbibliothek verzeichnet diese Publikation in der
Deutschen Nationalbibliografie; detaillierte bibliografische Daten sind
im Internet über http://dnb.de abrufbar.

© 2018, Vandenhoeck & Ruprecht GmbH & Co. KG,
Theaterstraße 13, D-37073 Göttingen
Alle Rechte vorbehalten. Das Werk und seine Teile sind urheberrechtlich
geschützt. Jede Verwertung in anderen als den gesetzlich zugelassenen Fällen
bedarf der vorherigen schriftlichen Einwilligung des Verlages.

Umschlagabbildung: Foto: Anna C. Wagner, Köln

Satz: SchwabScantechnik, Göttingen
Druck und Bindung: ♻ Hubert & Co. BuchPartner, Göttingen
Printed in the EU

Vandenhoeck & Ruprecht Verlage | www.vandenhoeck-ruprecht-verlage.com

ISSN 2198-2856
ISBN 978-3-525-40637-3

Inhalt

1 Spiritualität – Versuch einer Eingrenzung des Begriffs 9
1.1 Was ist denn das – Spiritualität? 9
1.2 Das Sagbare und das Unsägliche 10
1.3 Organisationen und Spiritualität 12
1.4 Bilder und Erzählungen als Annäherung 13
1.5 Die Paradoxie als Verstehenshilfe 14
1.6 Spiritualität als dialogisches Geschehen 16
1.7 Spiritualität ist Lebens-Raum 16
1.8 Spiritualität – die Berührung mit dem Dritten 17
1.9 Spiritualität als Trägersubstanz 17
1.10 Spiritualität ist kein Gegenstand, nicht herstellbar und doch da 20
1.11 Spiritualität als Ausdrucksform der Weltanschauung? 21
1.12 Spiritualität ist kein objektivierbarer Tatbestand 22
1.13 Trauer als spirituelles Ereignis 23
1.14 Trauer im weltanschaulichen System 23
1.15 Spiritualität in Religionen, Konfessionen, Esoterik 25
1.16 Trauer-Sehnsucht 29
1.17 Spiritistische Begegnungen 31

2 Spiritualität im Erleben der Trauer 32
2.1 Was ist Trauer? 32
2.2 Verlusterfahrung als Bedrohung der Lebenskraft 33
2.3 Dem Prozess trauen 36
2.4 Trauer zwischen gestern und morgen 38
2.5 Seele ist Körper 42
2.6 Trauer zwischen spiritueller Niederung und Erhebung 43

2.7 Vom spirituellen Schmerz 49
2.8 Glaubenskraft und Glaubensverlust 54
2.9 Das Übersteigende 58
2.10 Ausdrucksformen spiritueller Kräfte 60
2.11 Annäherung und Anpassung 66
2.12 Hinnahme und Hingabe 70
2.13 Kapitulation als Eröffnung 72
2.14 Hoffnung 76
2.15 Jenseitsvorstellungen 80
2.16 Verhaltensmuster als Ausdrucksformen der Spiritualität in der Trauer 82
2.17 Riten und Rituale als Ausdrucksformen der Spiritualität ... 84
2.18 Trauer als gelebte Spiritualität 90
2.19 Trauer nach Trennung – und die spirituelle Frage 91

3 Spiritualität und Trauerbegleitung 95
3.1 Vom passenden Wort der Begleitung 95
3.2 Für andere – Nicht mein Wille geschehe 96
3.3 Leiden und bei-leiden 98
3.4 Umgehen und mitgehen 98
3.5 Begleiten und begegnen 99
3.6 Dienstleisten und dienen 100
3.7 Unterstützen und stärken 100
3.8 Nicht fürchten – ehrfürchten 101
3.9 Das mit der Augenhöhe 104
3.10 Und welches Wort ist richtig? 105
3.11 Geht absichtslos? 105
3.12 Empathie und Mitgefühl 105
3.13 Ergänzung im Verlusterleben 109
3.14 Anwaltschaft 112
3.15 Treue 114
3.16 Und stimmt die Liebe noch? 116
3.17 Wechselwirkung der mitgehenden Tugenden 119
3.18 Spiritualität der Tat 121
3.19 Begleitung eröffnet Raum für spirituelle Anliegen 123

Inhalt 7

4 Einige Methodenbeispiele 128
4.1 Beispiel 1: Methode des Erwärmens als Zugang (T) 128
4.2 Beispiel 2: Uns begegnet die große Frage des Warum!? (T) 132
4.3 Beispiel 3: Die Möglichkeit der Wiederverbindung (TB) 141
4.4 Beispiel 4: Wo ist er jetzt, der Verlorene? –
   Hilfen in Sehnsucht (T) 143
4.5 Beispiel 5: Gestaltungsübung zu Jenseitsvorstellungen (TB) 147
4.6 Beispiel 6: Eine andere Übung zu Jenseitsvorstellungen
   (in der christlichen Deutung) (T/TG) 148
4.7 Beispiel 7: Übung zu Anwaltschaft (TB) 150
4.8 Beispiel 8: Übung zum Ausdruck der Klage (TB/TG) 151
4.9 Beispiel 9: Stimmt die Liebe noch? (TB) 155

Schlussbemerkung 157

Literatur 158

1 Spiritualität – Versuch einer Eingrenzung des Begriffs

Muss ich da irgendeiner Kirche oder einer Religionsgemeinschaft angehören, um bei Spiritualität mitreden zu können? Bedarf es bestimmter Ausbildungen, um mich einbringen zu können? Können wir bei allen Menschen annehmen, dass sie etwas mit Spiritualität zu tun haben?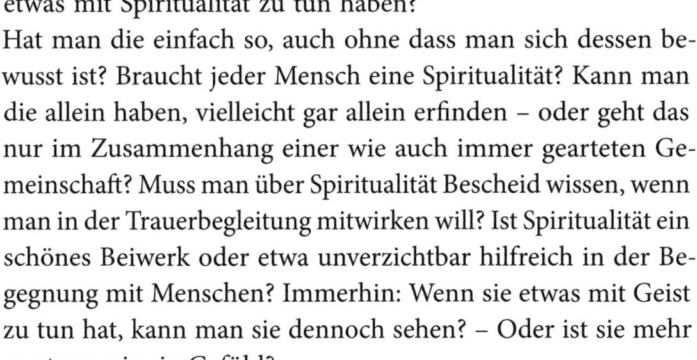
Hat man die einfach so, auch ohne dass man sich dessen bewusst ist? Braucht jeder Mensch eine Spiritualität? Kann man die allein haben, vielleicht gar allein erfinden – oder geht das nur im Zusammenhang einer wie auch immer gearteten Gemeinschaft? Muss man über Spiritualität Bescheid wissen, wenn man in der Trauerbegleitung mitwirken will? Ist Spiritualität ein schönes Beiwerk oder etwa unverzichtbar hilfreich in der Begegnung mit Menschen? Immerhin: Wenn sie etwas mit Geist zu tun hat, kann man sie dennoch sehen? – Oder ist sie mehr so etwas wie ein Gefühl?

1.1 Was ist denn das – Spiritualität?

Eine berechtigte Nachfrage – denn vielmals führen wir diesen Begriff im Munde, aber eindeutig ist er nicht. Vom lateinischen Wortstamm hat er etwas mit *spiritus* – Geist – zu tun. Aber auch bei diesem Wort kommen wir ins Schwanken, wenn es um eine eindeutige, für alle verbindliche Definition gehen sollte.

Ein Spiritual-Care-Kurs beginnt mit der Aufforderung an die Teilnehmenden, mithilfe unterschiedlichster Materialien (farbige Tücher, Gebrauchsgegenstände, Naturmaterialien) ihre persönliche Vorstellung zum Begriff »Spiritualität« darzustellen. Am Ende soll ein Satz formuliert werden, der das persönlich Erfasste zu Spiritualität zusammenfasst. Wie nicht anders zu erwarten, fallen diese Definitionen sehr unterschiedlich aus. Interessant ist, dass sich bei der Zusammenfassung der so unterschiedlichen Erfahrungshorizonte eine Unterscheidung herauskristallisiert in »Sagbares über Spiritualität« und »Unsägliches über Spiritualität«.

Die in diesem Buch beschriebene Spiritualität geht davon aus, dass sie aus einer bestimmten Perspektive wahrnimmt und deutet – im Wissen und im Respekt, dass das, was da erlebt wird, auch anders gedeutet werden kann.

1.2 Das Sagbare und das Unsägliche

Das Sagbare deutet auf etwas hin, das wir selbstverständlich mit dem Begriff »Spiritualität« verbinden können. Dazu gehören Erkenntnisse wie: Spiritualität ist eine natürliche Gabe, kennt verschiedene vertraute Ausdrucksformen, bedient sich der Bilder und Gleichnisse, ist meist ein dialogisches Geschehen, erfreut sich an sinnlicher Wahrnehmung und, besonders bemerkenswert, was wir mit Spiritualität zu benennen wünschen, bleibt letztlich immer im Zustand der Annäherung. Wir können das Analogie nennen. Eine Analogie ist da, wo wir etwas mit einer Eigenschaft benennen und gleichzeitig sagen müssten, dass diese Eigenschaft letztlich nicht zur Erfassung des Ganzen taugt. Die Analogie eröffnet durch

Teilerkenntnisse einen Zugang. Indem sie aber immer nur einen Teilausschnitt zu fassen bekommt, bleibt sie zugleich unendlich weit entfernt von dem, was wir eigentlich als Ganzheit ausdrücken wollen. Wollen wir zum Beispiel von Gott etwas aussagen, dann kann eine solche Aussage zutreffen; indem wir sie aussprechen, müssen wir aber gleich dazu sagen, dass so Gott doch nicht ist. Gott als Licht zu benennen, ist gewiss eine Teilerkenntnis. Aber wenn wir meinen, dass wir Gott mit dem Begriff Licht erfasst hätten, dann müssen wir bekennen: Er ist auch Finsternis …

Die Analogie lässt uns verstehen, dass es Wirklichkeiten gibt, die wir letztlich nicht fassen können. Damit werden sie für uns unsagbar. Interessant, dass in dem oben erwähnten Kurs aber nicht der Begriff des Unsagbaren verwendet wurde, sondern der des *Unsäglichen*. In diesem Wort schwingt etwas von der Unausdrückbarkeit mit, aber auch von der Zumutung, die wir mit dieser Nichterfassbarkeit empfinden mögen. Dann bleiben das Hintasten, das Annähern, das Stammeln und das Staunen angemessene Formen des Respektes vor diesem Unsäglichen. Letztlich treten wir in Kontakt mit einem Geheimnis, das seinen letzten Wesensgrund nicht preisgeben mag, weil wir es entschlüsseln wollen.

Spiritualität hat etwas von dieser Wirklichkeit, die in Teilen sagbar und zugleich verborgen, unsäglich bleiben muss. Vielleicht ist es gerade diese letztendliche Unfassbarkeit, die sie uns so anziehend macht.

Alle kennen wir Gespräche, in denen uns die Worte ausgehen und manchmal noch ein Fingerschnippen versucht, dem letztlich Unaussagbaren einen Ausdruck zu verleihen. Dann sind die Worte tatsächlich nur andeutend-stammelnd oder gar nicht gesagt, aber das Schnipsen der Finger vermag zu signalisieren, dass etwas letztlich Unsagbares in die Kommunikation gebracht sein will.

Manchmal wählen wir Umwege des Ausdrucks, um das Unsägliche wie eine Analogie in den Raum zu stellen: irgendwie ausgesprochen und doch unaussprechlich.

1.3 Organisationen und Spiritualität

Gerade im Kontext der Begleitung Sterbender und Trauernder gibt es verschiedene Organisationen, die sehr bewusst auch spirituelle Akzente in ihren Diensten sehen. Ende des 19. Jahrhunderts sind Organisationen entstanden, die gerade aus ihrer spirituellen Grundhaltung heraus zum Beispiel in Pflege und Bildung gegangen sind, weil es einen großen Mangel an solchen Organisationen wie Krankenhäusern, Hospizen oder Schulen gab. Viele Ordensgemeinschaften sind um diese Zeit mit dem Ziel gegründet worden, aus einer bestimmten geistlichen Haltung heraus unter anderem in Sorge zu sein für Kranke, Sterbende und Trauernde.

Die Zeit dieser Orden ist vielerorts zu Ende. An ihre Stelle sind oft Stiftungen getreten, die die spirituelle Motivation der Gründerinnen und Gründer der Orden unter den Bedingungen moderner Organisationen des Gesundheitswesens weiterleben lassen. Diese Institutionen sind sehr bemüht, gerade diese Geisthaltungen, ihre Spiritualität, an ihre Mitarbeitenden zu vermitteln. Spiritualität will Atem der Organisation sein. Das fällt nicht leicht, weil Organisationen als Systeme einer eigenen Logik folgen. Immer wieder kommt es zu paradoxen Konstellationen: Die Gleichzeitigkeit des Anderen muss ausgehalten und gestaltet werden. Wirtschaftlichkeit mit ihrer eigenen Gesetzmäßigkeit stößt auf Fachlichkeit mit ihrer eigenen Gesetzmäßigkeit stößt auf spirituelle Prägung mit eigener Fachlichkeit. Es wird schnell klar, dass hier Konflikte aufkommen, die bestenfalls in einen fairen Austausch kommen. Die Gleichzeitigkeit des Anderen lässt sich nicht auflösen. Sie kann nur gestaltet werden. Dabei wird die Gratwanderung zwischen den einzelnen Gesetzmäßigkeiten immer wieder offenbar. Es bedarf des Willens der Organisation und der Einzelnen, diesen Prozess zu gestalten.

Eine Gruppe aus Krankenpflegenden, Ärztinnen und Ärzten trifft sich regelmäßig, um kollegiale Supervision zu halten unter dem Fokus der Spiritualität ihrer Arbeit. In den ersten Sitzungen schien es, dass unendlich viel Stoff anfiele. Da ging es um weltanschauliche Prägung der Dienste, da ging es um die Ablesbarkeit dieser weltanschaulichen Identität. Letztlich bewegten sich die Überlegungen auf einem dinglichen Niveau: Was erwarten wir von den Mitarbeitenden, was erwarten wir von der Ausprägung unserer Dienste? Wo müssen wir wie erkennbarer sein? Recht bald zeigte sich, dass eine solche Supervision sich schnell erschöpfen würde. Sachzwänge aus dem Bereich der Pflege und der Verwaltung bewirkten, dass die Thematik nur noch die spirituell motivierten Mitarbeitenden anzog. Weil die Gruppe – verbunden durch einen Geist – sich nicht auflösen wollte, verschoben sich die Themen der Zusammenkünfte mehr und mehr zu Fragen der eigenen Lebensdeutung hin. Es waren Fragen, die das Fundament des Lebens berührten, Anfragen an die Lebensdeutung angesichts so vieler unterschiedlicher, auch beruflicher Erfahrungen des Menschseins. Die dinglich fassbaren, organisationalen Themen verblassten. Es ging mehr und mehr um Austausch von Erfahrung, wie Leben wahrgenommen und gestaltet werden kann.

1.4 Bilder und Erzählungen als Annäherung

Eher können wir in Worte fassen, was wir als Erscheinungsformen von Spiritualität wahrnehmen. Geist ist nicht anfassbar. Geist *ist*. Die Analogie schafft uns genau den Freiraum, der offenbar der Geist selbst ist. Wir können sagen: Der Geist ist wie ... und sind uns dabei bewusst, dass es nur kleine Bruchstücke des Ganzen sind. Jedes Teil steht für das erahnte Ganze. Aber das Ganze bleibt Geheimnis. Wir sind dankbar, dass wir die Teile in Bildern und Geschichten darzustellen vermögen, ohne dem Geist damit Grenzen zu setzen.

Hilfreich sind uns Bilder, die uns sagen lassen: Spiritualität ist ... wie eine Oase in der Wüste oder wie das Licht der aufgehenden Sonne oder wie der wärmende Sonnenstrahl in kalter Umwelt ... Immer bleiben wir uns bewusst, dass diese Bilder Annäherungen an eine Wirklichkeit sind, die wir in ihrer Ganzheit nur ahnen.

Auch Erzählungen bereiten die Sphäre, in der etwas von der allumfassenden Größe der Spiritualität übermittelt wird. Aber auch jedes Beispiel, jedes Gleichnis, jede allegorische Erzählung bleiben Analogie, bleiben eine Annäherung an das große Ganze. Nicht ohne Grund haben die großen Religionsstifter sich der bildhaften Sprache des Erzählens bedient, um über sich hinauszuweisen auf das Ewige, das unsagbar Unsägliche.

1.5 Die Paradoxie als Verstehenshilfe

Wir begegnen mit der Spiritualität einer Wirklichkeit, die fassbar und unfassbar zugleich ist, die sich sagbar und unsäglich zeigt, die offenbart und verhüllt. Wenn wir meinen, absolute Klarheit und Bestimmbarkeit haben zu müssen, dann müssten wir verzweifeln oder uns abwenden von alldem, was Spiritualität meint.

Ein junger Mann hatte in seiner Kindheit die schmerzliche Verlusterfahrung des frühen Todes seiner Mutter hinnehmen müssen. Er wuchs unauffällig auf und entwickelte in seinen späteren

Jugendjahren einen fast zynischen Atheismus. Zynismus lag in der Bitterkeit, die unterschwellig hervortrat, während die sachliche Aussage recht vernünftig vorgetragen wurde. Er habe keinen Zorn auf das, was andere Menschen »Gott« nennen, sagt er. Er könne keine Wut entfachen gegen etwas, was es nicht geben kann. Es sei offensichtlich, dass die Welt nach anderen Gesetzen verlaufe als nach einem geistlichen Konzept. Wie soll bei einer Evolution allen Lebens ein Schöpfergott sein? Wie will der bei Milliarden Menschen auf einen Einzelnen schauen? Wie soll er Glück und Unglück für Einzelne und ganze Völker bestimmen – vielleicht aus gelangweilter Willkür?

Auch einer Spiritualität billigt der Skeptiker keinen Existenzraum zu, denn das vermeintlich Geistliche sei weder fassbar noch beweisbar – eher ein Überbleibsel aus Zeiten, da die Menschen sich wegen ihrer Grenzen nicht zu helfen wussten. Ein Gespräch mit jemandem, der die Spiritualität für eine Wirklichkeit hält, führt zu keinem Ziel. Es liegen unterschiedlich gegründete Erfahrungen vor, die kein gemeinsames Suchen zulassen mögen.

Die Unterschiedlichkeit der beiden Erfahrungen sind nicht aufzulösen – und dennoch sind sie beide als Wirklichkeit da. Die Paradoxie besteht in der Gleichzeitigkeit des je Anderen. Es kann eine große Hilfe sein, im Ringen um das Verstehen von Spiritualität auch an die Kraft der Paradoxie zu denken. Es gibt keine Eindeutigkeit. Es gibt Vielfältigkeit. Es gibt sogar sich widersprechende Wirklichkeit. Es gibt keine Harmonisierung auf das eine, das sich zu Recht Spiritualität nennen dürfte. Die Paradoxie als Phänomen unserer Welterfassung ist keine Einladung zur Resignation, sondern zur Gestaltung.

1.6 Spiritualität als dialogisches Geschehen

Spiritualität hat etwas mit Erfassung der Wirklichkeit Leben zu tun. Leben können wir nur, weil wir in Zusammenhängen stehen – seien es zum Beispiel biologische oder soziale Zusammenhänge. Die Spiritualität ist uns eine Hilfe, unser Leben aus der Perspektive unserer auch geistig-geistlichen Verbundenheit zu deuten. Daher ist Spiritualität nie das Produkt eigener und ausschließlich selbstbezogener Leistung, sondern immer eingebunden in ein Gegenüber. Das Gegenüber kann eine transzendente Kraft ebenso sein wie der Mitmensch, dem wir gegenüberstehen. Daher bewegt sich Spiritualität immer in Begegnung. Wo Begegnung geschieht, da geschieht auch Leben. Oft genug kommt die Lebendigkeit gerade da, wo Unterschiedliches in Begegnung gelangt. Physikalisch gesprochen wird Energie da, wo gegensätzliche Pole in Beziehung gesetzt sind.

1.7 Spiritualität ist Lebens-Raum

Überall, wo Leben sich ausspielt, ist nach diesem umfassenden Verständnis auch Spiritualität gegenwärtig. Spiritualität versteht sich als das Dazwischen, als die Luft zwischen und in allem, was Leben ist. In allen Lebenswahrnehmungen, allen Lebensimpulsen kann in dieser Deutung Spiritualität erkannt werden. Unsere großen Gefühle als Berührungen mit der Kraft Leben sind demnach Ausdrucksformen von Spiritualität – Liebe, Lust, Angst, Verzweiflung und auch Trauer sind Räume, in denen Spiritualität sich darstellt – je nach Deutungsrahmen bzw. Verstehenshorizont. Wo Leben Raum hat, kann die Spiritualität mit ins Spiel kommen.

1.8 Spiritualität – die Berührung mit dem Dritten

Gerade wenn es so schwer ist, Spiritualität als erlebte Wirklichkeit zu definieren, ist es schwierig, sie beim Namen zu festigen. Spiritualität sei Begegnung, sei dialogisch, sei paradox – all das sind Mutmaßungen, die doch etwas festmachen wollen. Wir kommen ohne wenigstens *etwas* Greifbares schwerlich aus. Die Spiritualität greift in Sphären, die das nur menschlich Fass- und Erklärbare übersteigen. Die Geisteskraft, die wir mit dem Begriff zu benennen suchen, entzieht sich dem nur Menschlichen. Es ist die Berührung mit dem, was zwischen und über/unter allem ist – so man eine nichtmaterielle Wirklichkeit anzunehmen bereit ist. Spiritualität ist die Berührung mit dem Dritten, dem Anderen, mit der Transzendenz, mit dem Göttlichen, mit Gott, mit dem Namenlosen und Ewigen, mit dem Nicht-Anschaubaren, mit dem Übersteigenden. Und doch ist da Wirklichkeit, in allem sich Entziehenden. Die Sphäre des Dritten ist mit im Bund, wenn wir von der Lebenskraft sprechen, die wir spirituelle Kraft nennen.

1.9 Spiritualität als Trägersubstanz

Spiritualität lässt sich nicht anfassen. Wir erfahren Auswirkungen dessen, was wir als Spiritualität, als das Dritte, als das Dazwischen bezeichnen mögen. Ausdrucksformen der Spiritualität können wir gut erfassen – vor allem in Haltungen, mit denen Menschen im Leben sind. Diese Haltungen sind getragen von dem, was wir Spiritualität nennen. (Eine sehr gute Zusammenstellung solcher erfassbarer Geisthaltungen findet sich bei Müller, 2018.)

In einem Spiritual-Care-Kurs sind verschiedenste weltanschauliche Ansichten vertreten. Da sind Menschen, denen fernöstliche

Philosophien eine Hilfe zur Lebensdeutung geworden sind, vertreten – ebenso wie Menschen, die eine stark traditionelle Bindung an christliche Kirchen haben; auch Menschen sind da, die sich im Augenblick nirgendwo zu verorten wissen. Das teils beglückende Erleben im Kurs ist die Erfahrung, miteinander in Austausch treten zu können, ohne die eigene geistliche Heimat verleugnen zu müssen, aber auch ohne die der anderen infrage zu stellen. Was diese Unterschiedlichkeiten zusammen leben lassen kann, ist die tragende Spiritualität, das, was die Menschen miteinander in der Haltung zum Beispiel des Respektes verbunden sein lässt.

Die geistliche Haltung ist ein Bestandteil unserer Persönlichkeitsreifung. Spiritualität zeigt sich nicht als ein Sonderaspekt im Handeln und Denken, sondern als die Grundhaltung, die grundlegende Geisteshaltung, mit der das Leben versucht, sich auszudrücken. Das wird ein lebenslanger Prozess des persönlichen und gemeinschaftlichen Reifens sein. Die Älteren der Lesenden werden vielleicht dem Gedanken des Geschenks der Reifung aus eigener Erfahrung zustimmen können.

Ein schon älterer Kursteilnehmer, pensionierter Pfarrer, lässt die Gruppe Anteil nehmen an einer für ihn sehr beglückenden Erfahrung: Er wisse um die Begrenzungen, die das Älterwerden mit sich bringe. Das mache ihm auch immer wieder Ängste und Sorgen. Das größte Geschenk des Älterwerdens sehe er aber darin, dass er jetzt sehr gern dazulerne. In jungen Jahren, so sagt er schmunzelnd, müsse man halt immer wieder dazulernen. Jetzt, in den reiferen Jahren, sei es ihm eine Freude, immer wieder dazulernen zu dürfen. Vor allem beglücke ihn das, wenn es um die Reifung der eigenen Persönlichkeit gehe. Er mache so viele neue Erfahrungen in Begegnungen. Er könne viel leichter erkennen, wo das Verbindende des Menschseins liege – ohne damit die Unterschiedlichkeiten zu leugnen. Es erfülle ihn mit Freude, wenn er neue Fragen an sich, an seine Handlungen und Haltungen entdecke. Das seien Prozesse des Reifens. Und dazu erzählt er ein Beispiel:

An seiner Tür klingeln immer wieder Menschen, die um auch finanzielle Hilfe ersuchen. Manche kommen immer wieder, so oft, dass es ihm zu viel wird. Einer kommt immer sonntags zur Mittagszeit, gerade dann, wenn er sich zum Mittagessen setzt. An einem Sonntag fragt er den Mann – nicht ohne vorwurfsvollen Unterton –, ob er nicht die Sonntagsmittagsruhe respektieren könne. Darauf der Bittsteller: »Die Armut schaut anders aus dem Fenster.« Seitdem stellt er eine solche Frage nicht mehr, selbst wenn er sich dennoch gestört fühlt.

In dieser Begegnung habe er – wieder einmal! – etwas dazulernen dürfen, was ihn in seiner Haltung reifen lasse.

Die Spiritualität ist das, was in dieser Begegnung geschieht. Sie ist Trägersubstanz einer Haltung der Begegnung, die immer weiter reifen mag.

Auch Gruppen gewinnen sehr, wenn die von uns erkannten und eingeübten oder einzuübenden Haltungen in der Art der Gestaltung und Begegnung wiederzufinden sind. Da wird die Trägersubstanz Spiritualität zu einer großen Hilfe eines gelingenden Lernens miteinander. Für eine Gruppenleitung ist es ein hohes Lob – und Ermutigung auf Zukunft hin –, wenn aus der Gruppe am Ende des Seminars die Rückmeldung kommt, dass die Haltungen nicht nur besprochen wurden, sondern in der Art der Begleitung der Gruppe praktisch ablesbar waren. Fragt man, wo das denn geschehen ist, werden zwar bestimmte Ereignisse benannt, aber das macht es nicht aus. Die Gesamthaltung der Leitung und Begleitung einer Gruppe berührt das, was als Trägersubstanz Spiritualität benannt sein kann. Die Spiritualität ist das Dritte, das Dazwischen in aller Kommunikation und Begegnung.

1.10 Spiritualität ist kein Gegenstand, nicht herstellbar und doch da

Manchmal gibt es den Wunsch, Spiritualität auch intellektuell erfassen und beschreiben zu können. Vielleicht steht dahinter auch der Wunsch, Spiritualität dem vermeintlich nur Mystischen zu entziehen. Spiritualität müsste auch dingbar, abrufbar, herstellbar sein. Gewiss lassen sich bestimmte Haltungen auch methodisch erlernen. Aber der Atem dessen, was Spiritualität ausdrückt, ist damit nicht zwangsläufig mitgegeben. Wir kennen es aus therapeutischen Prozessen: Wenn die Methode als Methode angewandt wird, kommt es leicht schräg an. Auch die Methode ist nur ein ermöglichendes Handwerkszeug. Das Eigentliche einer heilenden Begegnung geschieht in dem, was mittels der Methode ermöglicht werden will.

Eine junge Koordinatorin hatte einen Kurs in Gesprächsführung nach Rogers gemacht. Sie hat persönlich sehr viel davon profitiert. Ihr waren dadurch Zugänge ermöglicht worden, das Gegenüber, aber auch sich selbst viel besser begreifen zu lernen. Für sie war es ein Paradigmenwechsel in der Begegnung. Sie konnte ihren Drang, dem Gegenüber einen möglichst bindenden Ratschlag zu geben, überwinden. Sie lernte für sich die Kraft des inneren Wissens kennen – nicht nur bei den zu Begleitenden, sondern auch bei sich selbst.

Beglückt mit diesen neuen Erfahrungen einer eröffnenden Kommunikation ging sie in das nächste Begleitgespräch. Und sie hielt sich sehr genau an das, was ihr als Rogers-Methode beigebracht worden war. Sie wiederholte, was das Gegenüber gesagt hatte, schaute dabei sehr verstehend drein, nickte zustimmend und ermutigend, nahm mit hoher Konzentration auf, was ihr Gegenüber sagte, vor allem, um den zuletzt geäußerten Gedanken aufgreifen und zurückspiegeln zu können ... bis nach einer gewissen Zeit die Frau gegenüber ihren Gedankenfluss unterbrach, sie etwas verunsichert anschaute und fragte: »Warum wiederholen Sie immer, was ich doch schon gesagt habe?« Da errötete die Koordinatorin und erkannte, dass es hinter der Methode noch etwas gibt, was sich von woanders her nährt und ergibt. Sie hat dies als Hilfe zum Lernen aufgegriffen und das Gespräch ungezwungen weiterführen können.

Die betonte Darstellung von Spiritualität als Erfahrungsgeschehen schließt nicht aus, sich auch theoretisch-wissenschaftsmethodisch mit dem Phänomen Spiritualität zu befassen. Damit wird Spiritualität auch vor einer inflationären Nutzung für alles Mögliche bewahrt, indem Begrifflichkeiten eingeführt werden, die zu unterscheiden helfen, was als Spiritualität zu bezeichnen ist.

Im Rahmen der Ausführungen dieses Buches liegt das Schwergewicht jedoch eher auf dem Anwendungsbereich eines Erfahrungsgeschehens.

1.11 Spiritualität als Ausdrucksform der Weltanschauung?

Wir leben in einer Vielfalt der Möglichkeiten, unser Leben zu deuten und entsprechend zu handeln. Das eröffnet eine Weite und macht zugleich eine Entscheidung nötig. Diesbezügliche Entscheidungen können sich ändern. Aber ohne eine Anschauung von »Welt« können wir schwerlich leben.

Das Wort »Weltanschauung« enthält, was es ausdrücken will: Es geht um eine Art, auf die Welt, auf das eigene Leben, auf das Gemeinwesen, auf meine Aufgaben in dieser Welt zu schauen. Jede Weltanschauung wird von einem Koordinatensystem getragen. Damit sind Werte und Haltungen gemeint, die für meine Art, in der Welt zu sein, Maß geben. Gerade in der Vielfältigkeit weltanschaulicher Modelle ist es unerlässlich, sich für eine Weltanschauung zu entscheiden. Das geschieht im Wissen und in der Freiheit, diese Modelle zu variieren oder zu verlassen; das geschieht auch im Respekt vor den anderen Modellen der Weltanschauung. Es gibt offenbar nicht die eine und für alle verbindliche Weltanschauung.

Jede Weltanschauung lebt aus einem Geist, der sie beseelt. Daher ist auch die Spiritualität ein Wesensanteil der jeweiligen Weltanschauung. Hier sind Haltungen inbegriffen, die das Handeln und Bedenken beeinflussen.

1.12 Spiritualität ist kein objektivierbarer Tatbestand

Spiritualität als Erfahrungswissen wird erkennbar in den Motiven, die uns in unserer Weltanschauung leiten. Gerade die Eigenart oder Einzigkeit der Weltanschauungen offenbart sich in den Geisthaltungen der jeweiligen Weltwahrnehmung. Da kann es geschehen, dass unterschiedliche Weltanschauungen zu ganz unterschiedlichen Erkenntnissen und Handlungen kommen. Da sind auch die Geisthaltungen teils widersprechend. Das macht deutlich, dass auch eine praktische Spiritualität nicht objektivierbar ist. Sie ist mitgeprägt von dem Koordinatensystem, in dem wir die Welt und unsere Aufgaben in der Welt betrachten.

In einer Gesellschaft, in der viele Sinndeutungsangebote nebeneinander stehen, ist es umso wichtiger, eine übergeordnete Geisthaltung zu finden. Das ist nicht einfach, weil gerade die Alleinstellungsmerkmale einer Weltanschauung sich in den Geisthaltungen, in der jeweiligen Spiritualität offenlegen.

In globaler Perspektive – nicht nur in der eigenen Gesellschaft, sondern weltweit – wird die Bedeutung eines Weltethos zu unterstreichen sein. Eine nur materialistisch sich definierende Weltgemeinschaft wird nicht solidarisch und respektvoll funktionieren können. Gerade in der so vielfältigen Möglichkeit der Ausprägung von Weltanschauungen und ihrer jeweiligen Spiritualität ist eine die Menschheit zusammenhaltende Geisthaltung notwendig.

1.13 Trauer als spirituelles Ereignis

Wenn wir der Beschreibung der Sagbarkeit und Unsäglichkeit von Spiritualität folgen, dann ist auch das Trauererleben ein Raum spiritueller Erfahrung. Aus all dem, was bisher zur Spiritualität gesagt wurde, lassen sich Verbindungen zum Trauererleben herstellen.

Auch Trauer äußert sich vielfältig, ist oft in sich widersprüchlich, paradox, auch Trauer ist ausdrückbar und bleibt doch unsäglich, auch Trauer ist dialogisch, auch da, wo Begegnung unbeweglich versteinert erscheint. Auch Trauer ist unbeständig, auch sie sucht und findet und verliert, um neu zu suchen. Auch Trauer sucht nach Anbindung, bedient sich der Bilder und Erzählungen, schwebt und ist dingfest, kennt sich und ist sich fremd. Trauererleben ist ein spirituelles Ereignis.

Für das Mitgehen in der Trauer können diese Merkmale hilfreich sein, um auch den gestaltenden, reifenden Prozess des Trauerweges von außen bzw. von der Seite begreifen und stärken zu können.

1.14 Trauer im weltanschaulichen System

Das Leben mit Verlust, die Trauer, ist auch eingebunden in ein weltanschauliches Koordinatensystem. Religionen und Kulturen gehen je eigen mit Verlusterfahrung um. Selbst innerhalb einer

Familie können die Arten der Trauer sehr unterschiedlich sein – auch aus spirituellen Beweggründen.

Ein Mann, dessen Frau früh gestorben ist, lebt seine Trauer aus. Der Verlust begleitet ihn, sobald die Ablenkungen durch Arbeit und Verpflichtungen nicht mehr funktionieren. Er trauert und kanalisiert seine Trauer in seinen weltanschaulichen Deutungsrahmen. Als überzeugter Christ kennt er die Einladung zur Klage gegen seinen unbegreiflichen Gott ebenso wie den Zuspruch einer wie auch immer gearteten Form der Lebensvollendung. Beides nutzt er – die Klage, dass seine Frau mit gerade 45 Jahren sterben musste; die Klage, dass die Verantwortung für die vier Kinder ihm allein überlassen ist; die Klage über die Sinnentleerung seiner Arbeit und über die Mühsal, die Tage überstehen zu müssen. Andererseits tröstet ihn sehr, darauf vertrauen zu können, dass seine Frau nicht einfach im Nichts verschwunden ist. Es tröstet ihn die bildhafte Vorstellung, dass sie irgendwie und irgendwo weiterlebt. Es tröstet ihn die Gewissheit, seine Frau im Jenseits wiederzusehen. Er ist sich bewusst, dass er da nur auf Hoffnungsbilder zurückgreifen kann. Aber die hat er. Beides – Klage und Hoffnung – sind seine spirituellen Begleiter aus seiner christlichen Weltanschauung.

Der älteste Sohn, gerade 24 Jahre, hat in diesem seinem Lebensabschnitt die christliche Lebensdeutung so sehr infrage gestellt, dass sie nicht mehr Deutungsrahmen seiner Trauer ist. Er ist überzeugt, dass es keinen Gott, schon gar nicht ein Leben nach dem Tod geben kann. Er hat handfeste wissenschaftliche Argumente – und die lassen die Vorstellungen seines Vaters absurd, eine scheintröstende Illusion sein. Die Geisthaltung des Sohnes ist anders. Er hat kein Wort dafür, aber er spricht von »etwas«, das ihn leitet, nicht einmal trostunfähig leitet.

Was beide – Vater und Sohn – als übergeordnete Geisthaltung zusammenhält, ist ihre menschlich gelingende Verbindung und die verbindende Wertschätzung der Verstorbenen. Der Vater nennt es Liebe; dem Sohn fehlen auch dafür – wie er sagt: im Moment – die Worte.

Trauerdurchleben geschieht nicht im spirituell freien Raum. Auch hier ist Spiritualität – in welcher unterschiedlichen Ausdrucksform auch immer – eine alles umwehende Trägersubstanz. Es gibt äußerlich erkennbare Kriterien dieser jeweiligen Geisthaltung. Aber auch diese Kriterien sind nur Abbild von, nicht der Inhalt, der Atem, die Lebenskraft dieser Haltung.

1.15 Spiritualität in Religionen, Konfessionen, Esoterik

Zum breiten Spektrum an Lebensdeutungen in Religionen, Konfessionen und alldem, was man der Esoterik zuordnen kann, gehört die Spiritualität dazu. Immer geht es um eine Kraft, die sich aus einer anderen Sphäre als der greifbaren Wirklichkeit nährt. Die Weite des weltanschaulichen Raumes lässt ahnen, dass es nicht die *eine, allgemein gültige* Spiritualität gibt. Sie ist die Geisthaltung, die die jeweilige Weltanschauung trägt – möglichst im Respekt vor der Andersartigkeit der geistlichen Ausprägung in anderen Lebensdeutungen. Dabei ist es jeder Richtung zugestanden, für sich bindende Definitionen von Spiritualität zu formulieren; es ist jeder Richtung auch zugestanden, Abgrenzungen vorzunehmen, um die Einzigkeit innerhalb der eigenen Weltdeutung zu unterstreichen. Zu all den denkbar unterschiedlichen Verständnissen von Spiritualität ist wünschenswert, dass sie die Eigenständigkeit nicht durch Abwertung anderer Konzepte bewahren wollen, sondern im Wissen um den eigenen, verbindlichen Weg Respekt voreinander zeigen. Es ist auch vorstellbar, das eigene spirituelle

Denksystem durch den respektvollen Kontakt mit dem Fremden neu bedenken zu lernen. Dabei soll es nicht um Verwässerung der eigenen Deutungsmuster gehen, sondern vielleicht um fruchtbare Ergänzung oder Erweiterung. Fundamentalistische Abschottungen nehmen dem Geist den Atem. Die Erfahrung der Globalisierung der Welt hat auch offenbart, dass es, teils über Jahrtausende hin, unterschiedlichste spirituelle Wege der Lebens- und Welterfassung gegeben hat. Allen gemeinsam wird sein, dass sie nach Sinn und Glück Ausschau halten. Wie, in welcher Anbindung an welche Kraft, welche Gottheit, welchen Gott, das hat die Menschheitsgeschichte vermutlich unübersehbar breit angelegt. Die Vielfalt muss keine Bedrohung des Eigenen sein. Vielleicht kann gerade die geistliche Kraft der eigenen Weltanschauung der Garant für ein respektvolles, sogar neugieriges Begegnen der Kulturen und Religionen untereinander sein. Selbst das Vertrauen in das Eigene will gelernt sein – als ein Akt der Einübung in gelebte Spiritualität. In der Begegnung mit Trauernden werden spirituelle Beheimatungen eine Rolle spielen. Da kann es nicht um Mission oder Bekehrung gehen, sondern um Respekt vor dem gegebenenfalls Fremden.

In einer Gruppe Trauernder hatten sich sehr unterschiedliche Lebensdeutungen zusammengefunden. Bei den ersten Treffen fiel die Unterschiedlichkeit wenig ins Gewicht. Meist wurden die Verlustschmerzen benannt, die offenbar so vorherrschend waren, dass sie auch weltanschauliche Differenzen hintanstellten. Irgendwann kam in der Gruppe die Frage auf, wie die Einzelnen ihre Verluste verkrafteten, was ihnen dabei behilflich sei. Da gingen die Strategien sehr unterschiedliche Wege. Eine Teilnehmerin sagte, dass ihr die Verwurzelung mit der Natur helfe – sie gehe so oft und lange wie möglich in ihren Garten und habe Kontakt mit Mutter Erde; ein Teilnehmer lehnte diese – wie er es nannte – Vergötterung der Erde schroff ab. Er stritt für die einzige

Möglichkeit, sich einem Gott anzuvertrauen, der über der Sterblichkeit des Menschen und der Natur stehe. Zwischen diesen beiden Polen gab es Varianten – von schweigenden, hinnehmenden Besuchen am Grab bis zu Gebeten, die ab und an das Seufzen der Seele trügen – keine konventionelle Glaubenspraxis, aber schon randständig beheimatet in einer christlichen Gemeinde. Der Gruppenleiter sieht sich auch in einer christlich genannten Tradition verankert, hält sich aber nicht für einen »praktizierenden Christen«. Seine persönliche Haltung sympathisiert eher mit der Frau, die im handfesten Umgang mit der Natur ihren Verlustschmerz sinnenhaft erdet. In seiner Gruppenbegleitung verfolgte er das Ziel, alle Teilnehmenden zum Respekt vor der Andersartigkeit einzuüben. Wie er bekannte, erwies sich das für ihn selbst als nicht einfach. Vor allem der Mann, der sich in seiner Haltung so sicher gebunden wusste, tat sich sehr schwer, die anderen Arten der Lebensdeutung anzunehmen. Es war ihm leichter zu begreifen, dass Menschen unterschiedliche Verhaltensstrategien im Umgang mit dem Verlusterleben an den Tag legen. Aber in der Annahme der Unterschiedlichkeit der Weltanschauungen tat er sich sehr schwer. Sich der Bewertung und Abwertung anderer Sichtweisen zu enthalten, war vor allem kaum möglich. Es war für ihn auch eine Not, denn er empfand die Andersartigkeit als Bedrohung seiner Sicherheit. Es lag am Geschick des Gruppenleiters, diese Unterschiedlichkeit unter anderem auch durch seinen persönlichen, achtungsvollen Umgang mit ihr zusammenzuhalten.

Selbst innerhalb der Weltanschauungen gibt es Differenzierungen, die es ebenso zu respektieren gilt. Dieser Respekt begründet sich nicht in der Anforderung, die die jeweilige Organisation der weltanschaulichen Gruppe stellt, sondern in der Größe dessen, was wir Spiritualität, Geisteskraft nennen. Denn wer könnte diese Kraft letztendlich abschließend in seinem Willen erkunden?

Immer sind es Menschen, die dem Geheimnis auf die Spur kommen wollen und sich doch immer bewusst bleiben, dass sie nur in Analogien, in vergleichenden Annäherungen vom Urgrund ihrer Spiritualität zu sprechen vermögen. Abweichungen von in der Weltanschauungsgruppe üblichen Denk- und Erfahrungswegen können als Erweiterungen wahrgenommen werden, Erweiterungen, die das Spektrum des Eigenen ergänzen könnten.

Eine an Krebs unheilbar Erkrankte gehörte der katholischen Kirche an. Sie hatte aber keine Bindung an ihre Kirche. In ihrer Krankheit entdeckte sie eine Marienfigur in einer alten Kirche. Die suchte sie vermehrt auf. Durch Zufall kam sie ins Gespräch mit dem dort tätigen Priester. Dem sagte sie, dass sie nie zu Gott beten könne. Das sei ihr zu patriarchal. Sie bete, indem sie ihre Lebenssituation vor der Madonna erzähle und dort eine Kerze anzünde. Im Denksystem des Priesters ist die Anrede Gottes eine Selbstverständlichkeit. Als Mann hat er kein Problem, Gott in männlicher Analogie sich vorzustellen. Die Begegnung mit der jungen Frau ließ ihn hören, nicht bewerten, ließ ihn die Frau willkommen heißen, wann immer sie den Weg hier zur Madonna gehen möge. Die Begegnung mit der Frau brachte ihm in seinem Erfahrungshorizont die Ergänzung, dass es andere als ihm geläufige Vorstellungen von Gott gibt. Diese Andersartigkeit ist kein ihn abstoßendes oder gar abzuwehrendes Fremdes, sondern eine Erweiterung, ein Wissen, dass es Menschen gibt, denen ein anderer Zugangsweg existenziell ist. Die Erwartung an den Priester war nicht, dass er sich der Haltung der Frau persönlich anschließe. Die Erwartung war stattdessen, das als fremd Erachtete als Ergänzung aufzunehmen.

1.16 Trauer-Sehnsucht

Wir wissen, dass die Trauer um einen in den Tod verlorenen Menschen einen so ungeheuren psychischen Leidensdruck erzeugen kann, dass es Phänomene gibt, die sich nicht jedem erschließen. Bekannt sind pseudohalluzinatorische Erlebnisse. Der Schmerz des Verlustes kann so übersteigend sein, dass die Wahrnehmung davon beeinflusst wird. Dann wird plötzlich in der Menschenmenge jemand gesehen, der nicht nur aussieht wie der Verstorbene, sondern in der Wahrnehmung des Trauernden der Verstorbene *ist*. Dieser nach außen verlagerte innere Leidensdruck sieht den Verstorbenen – und muss oft sehr bald die Täuschung erkennen. Der Abgleich mit der Wirklichkeit kann dann zu einem sich mehrenden Schmerz der Sehnsucht werden.

Ein Trauernder kam mit dem Verlust seiner Frau überhaupt nicht zurecht. Bis in die alltäglichen Verrichtungen bohrte sich der Schmerz des Verlustes, gepaart mit Anfällen einer Traurigkeit, die auch seine Sinne lähmte. Er ging täglich mehrmals zum Grab. Am Grab sprach er auf seine verstorbene Frau ein. »Sie antwortet nicht mehr, nie«, klagt er und fühlt sich noch verlassener. Er braucht Stunden, um wieder zu sich und seinem Alltag zu finden. Manchmal geht er dann gleich wieder auf den Friedhof, in der Vorstellung, jetzt könnte es ja anders ausgehen. Und wieder bleibt das Grab stumm. Wieder geht er mit verwundetem Leben zurück in seine Wohnung. Soziale Kontakte mied er – wie er später einmal sagte – auch aus Furcht, er könne dadurch irgendein Zeichen von seiner Frau verpassen. Mit dem Verstand war ihm klar, dass es ein solches Zeichen nicht geben würde. Aber die Sehnsucht erwünschte es sich.

An einem Samstag wagte er sich doch in ein größeres Kaufhaus seiner Stadt. Und da geschah, was er im Nachhinein mit bewegender Erschütterung berichtete: Er sei auf dem 3. Stock des Kaufhauses gewesen, habe gerade die Rolltreppe betreten, die ihn noch ein Stockwerk höher trug, da habe er beim Zurückschauen unterhalb, im 2. Stockwerk, seine Frau gesehen, das Gesicht zwar weggewandt, aber eindeutig seine Frau, in den ihm vertrauten Kleidungsstücken, mit der für sie so typischen Körperhaltung. Da die Rolltreppe voller Menschen gewesen sei, habe er warten müssen, bis sie oben angekommen seien. Er sei hastig wieder auf die Rolltreppe abwärts gesprungen. Als er im 2. Stock ankam, war seine Frau weg. Er beteuert: »Sie ist es wirklich gewesen.« Sie nicht erreicht zu haben, löste wieder diesen unstillbaren Schmerz der Sehnsucht aus.

Die Begleitung kann dieser Schilderung folgen und vor allem den unstillbaren Schmerz der Sehnsucht aufgreifen. Manchmal sagen Betroffene, dass sie eigentlich wüssten, dass es diese Begegnung nicht geben könne, aber da brenne bei ihnen die Sehnsucht durch. Das bewusste Wahrnehmen des »Nie mehr!« macht manche irre in seiner Unbeeinflussbarkeit. Der Verlust in den Tod setzt eine Grenze, die mit menschlichen Möglichkeiten nicht zu überschreiten ist. Diese Grenze wird erfahren in allen Dimensionen, die das Leben ausmacht. Gerade die vermeintlichen Banalitäten des Alltags können zum Auslöser dieses Schmerzes werden: Nie wieder höre ich seine ihm einzig eigene Stimme. Nie wieder kann ich mit ihm telefonieren. Nie wieder kommt er mir entgegen. Nie wieder sehe ich seinen für ihn so typischen Gang. Nie wieder wird er den Mantel anziehen, der noch an der Garderobe hängt. Nie wieder wird er im Bett nebenan liegen. Nie wieder wird er am Tisch mit mir sitzen. Nie wieder trägt er seine Hausschuhe. Nie wieder wird er mich mit einem Anruf oder einer SMS überraschen … Dieses »Nie wieder« ballt den Schmerz der undurchdringlichen Grenze des Todes zusammen. Manchmal »explodiert« diese Ballung und entlastet sich mit einem Trugbild in der eigenen Wirklichkeit.

1.17 Spiritistische Begegnungen

Es ist wohl auch als ein Phänomen der unstillbaren Sehnsucht zu werten, wenn Menschen den Kontakt zu ihren Verstorbenen über spiritistische Medien suchen. Das entzieht sich der Bewertung von außen. Wenn keine Scharlatanerie und finanzieller Betrug damit verbunden werden, scheint es Menschen zu helfen, in ihrer Sehnsucht einen Kontakt zu empfangen. Wie weit das Medium eine Realität beschreibt oder eine Realität herstellt, die dem Trauernden in seiner Anfrage eine Hilfe sein kann, entzieht sich der Kenntnis und Beurteilungsfähigkeit des Autors. Benannt sein sollte dennoch auch dieser von einigen Trauernden gesuchte Weg – in ihrer unstillbaren Sehnsucht nach Kontakt mit dem Verstorbenen.

2 Spiritualität im Erleben der Trauer

2.1 Was ist Trauer?

Es gibt kein Leben ohne Trauererfahrung. Denn Trauer (dazu ausführlicher Müller und Schnegg, 2016) ist eine in uns angelegte emotionale Möglichkeit, auf einen Verlust zu reagieren. Verlust kann sehr unterschiedlich aussehen: Für manche löst der Verlust eines Gegenstandes heftige Trauer aus, andere werden durch Verluste im sozialen Gefüge mit Trauer erfüllt – etwa beim Verlust eines Arbeitsplatzes; wieder andere haben Trauer in sich nach einer Trennung, wieder andere durch Verlust der Unversehrtheit ihres Körpers, wieder andere empfinden Trauer im Verlust durch den Tod. Auch das Sterben ist ein Trauerprozess – sowohl für die Sterbenden wie für die Zugehörigen. Für den Sterbenden geht es um den Verlust seines individuell gefüllten Einzig-Lebens, für die Zugehörigen um den sich abzeichnenden endgültigen Verlust eines nahen Menschen in den Tod. Wegen der Vielfältigkeit des Erscheinungsbildes Trauer sind auch die Beispiele dieses Buches aus verschiedenen Erlebnisebenen genommen.

Trauer kommt in jedes Leben. Nicht jedes Leben reagiert auf jeden Verlust gleich. Maßgebend scheint zu sein, wie sehr der/die/das Verlorene zur Sinngebung des eigenen Lebens beigetragen hat. Der Verlust eines Andenkens kann schwer sein; der Verlust eines geliebten Menschen wird wegen der Unterschiedlichkeit der sinngebenden Beziehung anders ausfallen.

Es lässt sich aber nicht objektiv festlegen, wie groß die Trauer bei welchem Verlust zu sein hat. Wegen der Verbindung mit der Sinndeutung des eigenen Lebens fallen die Schwere des Verlustes und damit auch die Schwere der Trauer unterschiedlich aus.

In der Regel ändert sich die Intensität der Trauer. Sie kann vom alles beherrschenden Gefühl sich wandeln zu einem Berührungspunkt, der immer wieder aktiviert werden kann, aber nicht mehr die Leben bestimmende oder gar Leben hindernde Intensität hat. Trauer hilft, den Verlust einordnen zu lernen. Daher ist die Trauer wie eine Patin im Verlusterleben. Je mehr der Verlust verinnert[1] sein kann, umso mehr kann das Gefühl der Trauer sich zurücknehmen.

Trauer endet nie, wenn der Verlust nicht mehr aufhebbar ist. Mit einer neuen Arbeitsstelle kann die Trauer um die verlorene Stelle sich aufgelöst haben. Der Tod eines geliebten Menschen bleibt ein unersetzlicher Verlust, der auch eine bleibende Trauer hinterlässt. Aber diese Trauer kann so still werden, dass sie in der Regel nicht mehr wahrnehmbar scheint. Der Verlust aber hat ein Leben gezeichnet. Die Trauer bleibt eine Einschreibung in das Leben.

2.2 Verlusterfahrung als Bedrohung der Lebenskraft

Verluste wirken auf Menschen sehr unterschiedlich. Einige Menschen haben Strategien, Verluste recht schnell wegzustecken. Von außen sieht es manchmal so aus, als verdränge jemand

---

1 Zur Vertiefung des Begriffs »verinnern« vgl. Müller und Schnegg 2016, S. 168.

eine wichtige Lebensaufgabe. Das mag sogar so sein, aber es ist nicht zu leugnen, dass Verluste in eine innere – oder auch kognitive – Abspaltung getragen werden, wo sie keine Auswirkung auf die Lebendigkeit des Menschen haben. Auch das gilt es als Geisthaltung zu respektieren, selbst wenn wir persönlich der Meinung sein sollten, dass sich Verluste emotional nicht unbeschadet wegdrängen lassen. Manchen ist die Verdrängung gefährdender Erfahrungen eine handhabbare Einübung des emotionalen Überlebens geworden.

Eine Jugendliche hat im Alter von 15 Jahren auf tragische Weise ihren Vater verloren. Sie hatte eine der üblichen pubertär gelenkten Auseinandersetzungen, als der Vater etwas genervt das Haus verließ. Durch einen tragischen Verkehrsunfall kam er nicht mehr nach Hause. Die Familie – die Jugendliche hat noch eine älteres Schwester und zwei jüngere Brüder – geht, wie die Mutter sagt, wie durch einen undurchdringlichen Nebel. Alle Formalitäten werden erledigt. Die Beerdigung können alle irgendwie hinter sich bringen. Emotional erreicht sie das Drama nur begrenzt. Alles ist eben wie durch einen dichten Nebel umhüllt. Nach Wochen weicht die älteste Tochter auf und fällt in eine so tiefe Sinnkrise, dass sie von sich aus um Aufnahme in eine psychiatrische Klinik bittet. Die Mutter hält sich über Wasser, indem sie weiter funktioniert, um der Kinder willen und weil es ja weitergehen müsse, sagt sie mit ausdrucksloser Miene.

Die 15-Jährige lässt sich überhaupt nichts anmerken. Sie scheint unberührt. Sie geht in die Schule, bringt wie gewohnt ihre Leistungen. Sie geht ihren Freizeitgewohnheiten nach. Sie verweigert jedes Gespräch über den Tod ihres Vaters. Die Klassenlehrerin hat versucht, auch im Klassenverbund dieses Ereignis zu thematisieren. Die Schülerin wehrt ab: Das ist hier kein Thema.

Weil die Mutter sich zunehmend Sorgen macht, bittet sie ihre Tochter, wenigstens ein Gespräch mit der ihr vertrauten Pastorin zu führen. Das Mädchen lässt sich darauf ein, kommt nach kurzer Zeit zurück, stellt sich vor ihre Mutter und sagt ihr: »Ich habe dir zuliebe mit der Pastorin gesprochen. Ich habe ihr nur gesagt: Wenn ich mich drauf einlasse, gehe ich unter. Ich will nicht untergehen, ich will leben.«

Andere wiederum erleben Verlusterfahrungen in einer so drängenden Dichte, dass die Emotionalität jede kognitive Relativierung verhindert. Dann kann Verlusterfahrung zu einer Besetzung werden, die alle anderen Zeichen von Lebendigkeit auffrisst. Auch da können Begleitende leicht an Grenzen der Begegnungsmöglichkeit stoßen.

Seit dem Tod ihres 45-jährigen Mannes – eines Arztes, der lange Jahre Dialysepatient war – versinkt die Witwe in eine Trauer, in der sie unerreichbar ist. Selbst die beiden Kinder kommen nicht an sie heran. Sie halten sich meist bei einer in der Nähe wohnenden Tante auf, weil sie da nicht in der Gruft leben, sagen sie. Die Mutter hält seit dem Tod ihres Mannes alle Rollläden im Haus geschlossen. Sie geht in Schwarz, meidet möglichst alle Alltagssozialkontakte. Sie erbittet zwar vom örtlichen Hospizverein Trauerbegleitung. Die nutzt sie jedoch ausschließlich zur Darstellung ihrer Kränkung durch den Verlust. Es sind keine noch so kleine Nuancen in ihrer Wahrnehmung zu finden. Ebenso lässt sie keine Nuancierungen zu. Der helle Tag ist eine Provokation der Natur, die die Trauer um ihren Mann missachtet.

Beide extreme Reaktionsweisen auf Verluste können auch im Deutungsrahmen der Frage nach Spiritualität angeschaut werden. In beiden Weisen gibt es Geisthaltungen, die befähigen mitzugehen. Erst im Begleitprozess wird sich herausstellen, mit welchen Haltungen ein Mitgehen am besten gedeihen kann. Im dritten Teil dieses Buches werden Möglichkeiten der spirituellen Haltung in der Begleitung vorgestellt.

Grundsätzlich sind Geisthaltungen eine gute Möglichkeit, mit Menschen durch ihr Verlusterleben zu gehen. Die Möglichkeiten sind vielfältig – so wie der Verlust ganz unterschiedlich erlebt werden kann. Diese Unterschiede spielen sich in jedem Menschen ab. Es gibt nicht die eine spirituelle Haltung, die alle Varianten des Verlusterlebens aufgreifen kann. Mal sucht der Verlustschmerz einen Ausweg in Zukunftsbildern, mal in nahem Bei-Leiden, mal in demütiger Annahme, mal in schöpferischer Gestaltung, mal in der Anerkennung der Niederlage vor dem geistlich Größeren, mal im Leben aus dem Augenblick, mal in der geistigen Wiederverbindung.

2.3 Dem Prozess trauen

Es erweist sich als große Hilfe, um diese Breite der spirituellen Möglichkeiten in der Trauer zu wissen. Hilfreich ist auch, dass es verschiedene Haltungen gibt, die auf verschiedene emotionale Zustände auf dem Trauerweg reagieren können. Diese Haltungen spielen sich zwischen Ergebenheit und Auflehnung ab, zwischen Tatkraft und Innehalten. Eine grundlegende Haltung kann dabei sein, dem Prozess des individuellen Trauerweges zu trauen – sei es aus eigener Kraft oder durch die Stärkung Mitgehender.

Im Durchdenken des Phänomens Trauer sind mache Hilfskonstruktionen ersonnen worden, um das Geschehen Trauer besser verstehen zu können. Es gab (und gibt) Vorstellungen von Trauerphasen, die zu durchleben seien, es gibt die Konstruktion von Traueraufgaben, die durchzuarbeiten seien, um zu einer neuen Welt- und Lebensbejahung kommen zu können. All diese Modelle sind sich bewusst, dass sie nur Hilfskonstruktionen sein können, um die manchmal teils wild erscheinende Vielfalt der Trauerreaktionen auf Verluste hin verstehbarer zu machen. Als allem grundlegend kann die Haltung gelten, dass die Aufnahme und Annahme des erlittenen Verlustes ein Prozess ist. Der folgt nicht eindeutig einer einzigen Logik. Als begleitende Trägersubstanz kann sich die Spiritualität erweisen. Hier sind Haltungen gefragt, um aus eigener Kraft oder mithilfe anderer neuen Halt zu neuen Lebensmöglichkeiten wachsen zu lassen. Eine (spirituelle) Grundhaltung des Vertrauens im Trauernden ist hier gefragt, des Vertrauens in die schöpferische Kraft neuer Lebenszusammenhänge jenseits des Verlusterlebens, des Vertrauens in eine Sinnordnung, die dem eigenen Leben neuen Mut zusprechen kann. Vertrauen ist aber nicht einfach so abrufbar. Vertrauen will erlernt sein, Vertrauen will sich bewähren dürfen. Vertrauen kann – auch durch den erlittenen Verlust – so verletzt sein, dass es einen langen Heilungsprozess zugestanden bekommen muss. Auch das ist eine spirituelle Haltung, dem Vertrauen dieses Reifen zuzugestehen.

Eine akademisch gebildete Frau hat mit großem Vertrauen in ihre intellektuelle Spitzfindigkeit gelebt. Sie war Organisationsberaterin und zugleich Psychotherapeutin. Sie war eine gute Beobachterin, erfasste schnell Situationen und war eine gefragte Ratgeberin, wenn es im systemischen Bereich von Organisationen, aber auch im privaten Leben ihr Befreundeter Krisen zu lösen gab. Ihr Leben erfuhr eine deutliche spirituelle Erweiterung, indem sie eine Berufung in sich spürte, dem antiken »Heiler des Umsonst«, Pantaleon, nachzugehen. (»Heiler des Umsonst« sind Heilige der christlichen Antike, die die jesuanische Aufforderung in ihre Lebenspraxis übernommen haben: »Umsonst habt ihr empfangen, umsonst sollt ihr geben«, Mt 10,8. Der heilige Pantaleon zum Beispiel galt als Heiler, der Kranken unentgeltlich beistand.) Fortan stellte sie neben ihrer beruflichen Beanspruchung ihre besonderen Begabungen ohne Entgelt (wie die Heiler des Umsonst) in sozialen Notlagen zur Verfügung. Ihr Vertrauen in ihre Geisteskraft war groß, so dass eine große Ausstrahlung dieser Lebensgewissheit manche Zeitgenossen erreichte.

Als ihr Mann tödlich erkrankte, baute sie auf die Kraft »ihres Heiligen«, dem sie sich besonders verbunden wusste. Ihr Mann starb dennoch – und ihr Vertrauen in die Kraft des Heilens war zutiefst verletzt. Verletzt waren zudem alle Gewissheiten, dass es ein Leben nach dem Tod gibt. Der Tod und die Trauer um den Verlust ihres Mannes hatten das Vertrauen fundamental erschüttert. Es half ihr, das Phänomen der Trauer in all seinen chaotischen Zuständen (s. Müller u. Schnegg, 2016, S. 55–102) zu verstehen. Aber das Verstehen brachte das Vertrauen nicht wieder. Das für den Trauerweg charakteristische Auf und Ab bewegte sie über drei Jahre heftig. Ihre Gebrochenheit hat nicht zur Gewissheit des Vertrauens in den Heiler, auf Gott, auf eine Auferstehung zurückgeführt. Was allmählich wuchs, wie ein zarter Spross inmitten wildwuchernder Wildkräuter, war das Vertrauen in die Unverfügbarkeit des Lebens. Das war ihr ein bleibend schmerzendes Erleben, formte sich aber mehr und mehr zu einer Annahme der Wirklichkeit, die sie wieder leben ließ. Es war kein amputiertes Leben. Es war, wie sie es selbst benennt, ein anderes Leben. Nicht vergleichbar, daher auch nicht bewertbar als besser oder schlechter. Anders halt, sagt sie und kann sich dem Leben wieder neu zuwenden.

2.4 Trauer zwischen gestern und morgen

Trauer bewegt sich zwischen dem Gestern, dem Vergangenen, dem Erlebten und dem Morgen, dem zu Erwartenden, dem Ersehnten, einer Zukunft entgegen, die wieder Leben haben will. In diesem Dazwischen liegt der Raum, der wirklich Leben ist, das Heute, die Gegenwart, sogar nur die Flüchtigkeit jedes Momentes, der schon im Augenblick seiner bewussten Wahrnehmung Vergangenheit wird. Manchen wird das vorkommen wie ein Lauf, der niemals ans Ziel kommen kann, weil in jedem Moment das erdachte Ziel schon wieder überholt ist. Kein Wunder, dass wir uns oft genug wie getrieben erleben, weil der Gedanke schon immer in die zu erwartende nahe oder ferne Zukunft gelenkt wird.

Die Trauer hat einen Verlust zu tragen, der viel Geschichte in sich bergen kann. Bei Verlust eines nahestehenden Menschen ist es die ganze Fülle an Erfahrungen, die miteinander gemacht worden sind. Diese Erinnerungen sind eine Kostbarkeit, weil sie wach halten, was einmal gewesen ist, wach halten, was die Einzigkeit eines Menschen bezeugt, wach halten, was an Lebenserfüllung mit dieser Person verbunden gewesen sein mag. Erinnerungen, so sie nicht in Verherrlichung abgleiten, bergen auch Grenzerfahrungen, Verletzungen, Unverstehen, Konkurrenz, Konflikt, Verheimlichtes. Da erweist sich der Verlust manchmal als gnädiger Schlussstrich unter weniger gutem Miteinander. Im Prozess der Trauer werden alle Schattierungen des Erinnerns mitgehen. Oft liegt hier der Schmerz begründet, dass nichts mehr wiederholbar ist – weder die schönen Erfahrungen noch das Ungeklärte, das nach Auflösung suchte. Es ist eine Kostbarkeit, Erinnerungen zu haben, die realistisch im Blick halten, was nun als verloren gilt – zum Beispiel durch den Tod, durch eine Trennung, durch Verluste eines Arbeitsplatzes usw. Trauer kommt ja nicht nur durch den Tod eines Menschen in das Leben.

Bei aller Kostbarkeit des Erinnerns – es kann sehr viel Lebensenergie binden, wenn das Sinnen sich bleibend im Vergangenen aufhalten will. Manche kennen den Drang, möglichst schnell das Erinnern loszuwerden. Da werden Abenteuer gesucht, da werden überrumpelnd neue Beziehungen aufgenommen, da wird das Alte bewusst kleingeredet oder gar zynisch abgewertet. Stattdessen zeichnen sich wilde Konturen einer neuen, unbeschwerten, verlustverlorenen Zukunft ab. Das Drängen wird beherrschend, drängend auf vor allem etwas Neues hin. Je nachdem, wie schmerzhaft das Verlorene erlebt wird, gewinnen wir Sympathie für ein solches Drängen, aus der Verkettung mit dem Verlorenen herauszukommen.

Interessant ist die Beobachtung, dass vor lauter Rückbindung oder Vordrängen das Jetzt kaum bis gar nicht wahrgenommen wird – geschweige denn eine Würdigung erfährt. Der Stillstand oder die Rastlosigkeit überdecken, was an Möglichkeiten sich eröffnen will. Für manche kaum zu glauben: Diese Möglichkeiten des Neuen bedürfen der Würdigung durch den Augenblick. Genau betrachtet, geschieht Leben genau da, wo gerade der Atem zieht, genau in der Abfolge der Augenblicke, wobei jeder dieser Augenblicke die Hochachtung der Begegnung mit dem Leben verdiente.

Wir sind kaum noch vertraut mit der Achtung des Augenblicks. Wir kennen Seminare, in denen diese Achtung gelehrt und in Übungen praktiziert wird. Es erscheint geradezu unwirklich, die Wirklichkeit Leben in dem aufzunehmen, wo Leben geschieht. Vielerlei Ablenkungen schleppen weg aus dem Verweilen im Augenblick. Die innere Unrast verhindert das Ausharren. Es wird nicht praktikabel sein, den Rhythmus der funktionierenden Gesellschaft so anzuhalten, dass allen der Augenblick des Miterlebens von Leben ermöglicht wird. Die Trauer kennt die Verzögerung, diese Verlangsamung, dieses Ausharren(müssen), weil der Körper einem inneren Wissen zu folgen scheint. Das Leben kann sich nicht einfach weitertreiben lassen.

Ein Mann war von seinem Lebenspartner verlassen worden. 15 gemeinsame, so unbeschwert geglaubte Jahre waren damit zu Ende gegangen. Der Mann, gerade fünfzig Jahre alt, trauerte um seinen Partner. Er suchte jemanden, der ihn und seine Trauer mit aushielt. Mit diesem Anliegen traf er sich mit einem Trauerbegleiter des örtlichen Hospizvereins. Dem Begleitenden fiel auf, dass bei allen Treffen zwei Dimensionen Sprache fanden: der Schmerz um das Vergangene, Verlorene und der Schmerz um das in Zukunft nicht mehr Mögliche. Als der Begleiter seine Wahrnehmung mitteilte, war der Mann ganz irritiert und sagte, dass er jetzt durch die Trennung auch kein Leben mehr spüre. Aus Erinnerungen könne er auf Dauer nicht leben, denn er wollte sich nicht nur dem Schmerz des Verlorenen aussetzen. Aber eine Zukunft ohne seinen bisherigen Partner könne er sich auch nur schwer vorstellen. Aber es müsse ja weitergehen. Im Zuge dieser Bemerkung malt er sich eine Zukunft aus, in der es ähnlich weitergehen sollte wie in der Vergangenheit – nur mit einem neuen Partner.

Für den Begleitenden war es schwer, im wahrsten Sinne des Wortes dazwischenzukommen. Der Mann redete fast ununterbrechbar. Erst als der Begleiter wagte, energisch um einen Stopp zu bitten, war der Anfang der Eröffnung eines neuen Blicks möglich. Der Begleiter malte ihm auf, was er bisher gehört hatte: Da gab es eine Welt des Vergangenen und dann gab es eine Welt der Zukunft. Als der Mann das Bild vor Augen sah, ging ihm auf, dass dazwischen ein freier Raum war – eben das Jetzt, die Gegenwart, der Augenblick. Es war schwer, auch für das Jetzt Worte zu finden, weil die Gedankenwelt irrte zwischen dem Gestern und Morgen. Erst nach und nach war es dem Mann möglich, sich auf diesen kleinen Ausschnitt der jeweiligen Gegenwart auch gedanklich einzulassen. Dann lernte er durch Wahrnehmungsübung, das Grün der Pflanze zu sehen, den braunen Rücken des Buches und das Holz des Tisches, an dem sie saßen.

2.5 Seele ist Körper

Wir sind es nach griechisch-philosophischem Denken gewohnt, uns aufzuteilen in Körper, Geist und Seele. Eindeutig ordnen wir die Spiritualität vordringlich dem Bereich der Seele zu. Dass diese analytische Differenzierung uns manchmal Mühe macht, das kennen wir. Denken wir an die Wiederentdeckung des untrennbaren Zusammenhangs von körperlichem und seelischem Unwohlsein. Der Fachbereich der Psychosomatik kennt sich hier aus.

Im semitischen Denken – einer der grundlegenden Wurzeln unserer abendländisch-christlichen Kultur – gibt es diese klare analytische Differenzierung nicht. Da ist man sich bewusst, dass der Mensch mit seinen Emotionen und seinem Verstand, mit seiner Geisteskraft und seiner Hinfälligkeit bis ins Vergängliche eine untrennbare Einheit darstellt (vgl. Hahne, 1999, S. 239–254).

Was interessiert uns das in der Frage der Spiritualität in der Trauer, was in der Wahrnehmung des Lebens aus der jeweiligen Gegenwart?

In der Trauer nehmen viele die Selbstverständlichkeit der Verlangsamung, der Zurücknahme, der begrenzten Aufnahmefähigkeit wahr. Manche erleben das als sehr hinderlich und bieten Kraft auf, auf der vertrauten Spur eines vorantreibenden Lebens zu sein. Aber diese Zurücknahme in der Trauer erfasst alle Sinne, erfasst die ganze Leiblichkeit. Diese Leiblichkeit ist nicht nur Trägerin der Seele. Sie *ist* – im semitischen Denken – Teil der Seele. Seele, Psyche, ist die Vitalität des Lebens, ist sowohl die Lebensfreude als auch die Hinfälligkeit. Wenn Trauer verlangsamt, dann möchte sie vielleicht auf die jeweilige Gegenwart verweisen – weder verharren im Stillstand noch Drängen in die Zukunft. Der Verlust will mit jedem Atemzug der Gegenwart durchlebt sein. Ein spirituelles Geschehen, das Teil des heilungsmöglichen Prozesses der Trauer ist.

Ich bin nur noch ein halber Mensch, sagte der Mann, dem ein Bein amputiert werden musste. Er war leidenschaftlicher Sportler. In der nötigen Trauer um sein verlorenes Bein kam eine tiefe Abwertung seiner Persönlichkeit zum Ausdruck. Dass er nun ein Krüppel sei, wirft er ein, sei schon schlimm genug. Aber er sein kein ganzer Mensch mehr. Zu einem ganzen Menschen gehört, dass alles dran ist. Auch in den Augen seiner Umgebung werde er nicht mehr als ganzer Mann wahrgenommen, könne er gar nicht mehr wahrgenommen werden, denn ein wesentlicher Teil seines Daseins – ein intakter Körper – stehe ihm nicht mehr zur Verfügung. Man habe ihm gutwillig geraten, sich statt des Sports jetzt mehr mit geistigen Dingen zu beschäftigen – sein Kopf sei doch so scharfsinnig wie eh und je. Aber das könne nicht ersetzen, was ihm fehlte. Daher weigere er sich auch, weiter ein Buch in die Hand zu nehmen. Er müsse erst begreifen, dass er nicht nur sein Bein, sondern auch einen Teil seines Menschseins verloren habe.

Für den mitgehenden Begleiter war es schwer, seine Auffassung einer bleibenden Ganzheit zu vermitteln. Ihm blieb, für sich selbst diese Ganzheit weiter im Blick zu haben.

2.6 Trauer zwischen spiritueller Niederung und Erhebung

Die Niederung des Abgrunds

Das Erleben des Verlustes kann uns in Abgründe stürzen, deren Falltiefe unbeschreiblich ist. Trauernde wissen, dass sich immer wieder ein Wunsch festbeißen kann, diesem Schmerz durch das Ende des eigenen Lebens Einhalt zu bieten. Manchmal ist es der Wunsch, nachsterben zu dürfen, manchmal ist es die tatsächliche Selbsttötungsabsicht, manchmal ist es der Gedanke an die Möglichkeit allein, der etwas Entlastung schaffen kann. Die Bodenlosigkeit des Trauerns lässt sich nicht einfach wegreden. Sie mit durchzustehen und mit auszuhalten ist ein Teil des Mitgehens auf Trauerwegen. Der Abgrund ist ja nur Widerhall aus dem Bodenlosen, Spiegel der Unerfasslichkeit der Wucht des Verlustes. Alle, die Trauernden begegnen, haben solche Reaktionen auf den Verlust schon miterlebt. Sie wissen dann auch, dass nicht ein paar schnell gesagte Worte den Schmerz des Verlorenen lindern können. Schwer auszuhalten ist, dass es diese Wirklichkeit des Abgrundes gibt. Nicht nur der andere Mensch ist verloren (zum Beispiel durch Trennung oder Tod), sondern das eigene Leben fühlt sich trudelnd verloren an, ohne Bodenhaftung, ohne Stütze, auf die garantiert Verlass wäre.

Die Urkraft »Leben«

In den meisten Trauerprozessen erweist sich diese Abgründigkeit als eine immer wieder aufkommende, aber auch vergehende Gefühlslage. Die Kraft »Leben« scheint eine Urkraft zu sein, die für den Menschen auch dann einzutreten scheint, wenn der Verstand und das Gemüt keinen Lebenswillen mehr erhalten können. Mit der »Kraft des Lebens« ist hier die biologische Grundlage unseres Daseins gemeint. Manche werden dieser Kraft staunend begegnet sein, wenn nach menschlichem Ermessen längst keine Energie mehr zu erwarten ist, das Leben aber dennoch sich gegen das Ende wehrt. Diese biologische Kraft »Leben« gehört – folgen wir dem semitischen Verständnis vom Menschen – mit zur Spiritualität eines Lebens. Die Physis unseres Daseins ist nicht abzuschneiden vom Geistigen unseres Daseins. Ein solches Denken kommt unserem Wunsch nach möglichst ganzheitlichem Wahrnehmen entgegen.

Eine unheilbar erkrankte Frau, die sehr gern lebte, hat in den ersten Monaten ihrer Krebserkrankung alles aufgebracht, was ihr zum Sieg über die Krankheit hätte helfen können – alle möglichen Therapien, Aktivierung der Selbstheilungskräfte, Mobilisierung mancher spirituellen Kräfte, um im Leben bleiben zu können. Der Krebs nahm sich aber unbeirrt von all ihren Unternehmungen Raum. Diese Erkenntnis nahm sie als große Niederlage wahr, als eine Demütigung ihres Selbstbestimmungsrechtes, als eine hämische Verhöhnung all ihrer Anstrengungen. Es gab Stärkeres als ihren Willen zu leben. Es war eine stürmische innere Zeit, begleitet mit Auflehnung und Schwermut. Irgendwann hat sie diese Niederlage angenommen, nicht hingenommen, sondern bewusst angenommen – als das Ergebnis eines spirituellen Prozesses, der in einer Ergebenheit mündete. Das waren alles keine heroischen Akte, sondern Schritte auf einem Weg, dessen Regisseurin sie nicht länger bleiben wollte.

In dieser spirituellen Ergebenheit und im stetigen körperlichen Zerfall rechneten die Zugehörigen damit, dass der Tod sie bald erlösen werde. Sie lag friedlich und ergeben in ihrem Bett – und lebte zwei lange Monate in diesem Zustand weiter. Eine Tochter saß einmal am Bett, Stille im Raum, alles wartend auf die Lösung aus dem irdischen Lebenszusammenhang. In diese Stille hinein sagte sie: »Wie stark doch Leben ist!« Dieser Satz war von Ehrfurcht getragen von dem, was immer wieder als eine funktionierende Selbstverständlichkeit oder als ein nicht mehr funktionierender Mechanismus angesehen wird.

Das biologische Leben ist eine bestaunenswerte, Ehrfurcht gebietende Kraft, ist Teil dessen, was uns als Menschen ausmacht, Teil auch der Spiritualität unseres Seins. Der Psalm 139 (Vers 14) beschreibt es zutreffend: »Ich lobe dich, dass ich ein Gottesfurcht erregendes Wunder bin« (Übersetzung: Zenger, 2003, S. 241).

Vom Erfahrungswissen und dem inneren Wissen

Das innere Wissen ist der Kontakt zur Spiritualität.

Das biologische Leben trägt das, was unser Menschsein ausmacht. Ohne das biologische Leben hätte unser Menschsein kein Gefäß, in dem es sich ausspielte. Das Menschsein in seinen geistigen und geistlichen Anteilen kann aber auch nicht existieren, ohne im Leib zu sein. Leben, das uns individuell ausmacht, formt sich über das ganze Dasein hin. Wir sammeln Erfahrungen. Je größer der Schatz der Erfahrungen ist, umso differenzierter können unsere Wahrnehmungen sein. Wenn ich um Größen und Grenzen meiner Möglichkeiten kraft der Erfahrungen weiß, kann ich in bestimmten Lebenslagen unterscheidender reagieren. Nicht ohne Grund spricht man von der Möglichkeit der Weisheit des Alters. Damit ist ein Erfahrungswissen gemeint, das sich geschliffen hat durch manche Grenzen, die sich aufstellten.

Ein Mann fühlte sich ungerecht behandelt und will öffentlich klargestellt sehen, dass ihm Unrecht widerfahren ist. Das Drängen im verletzten Stolz will das Verletzte aufheben, möglicherweise kommt auch ein Schielen auf Wiedergutmachung hinzu, wie immer die im Einzelfall aussehen könnte. Eine Vielfalt an Erfahrungen kann über die Lebensjahre hin jedoch gelehrt haben, dass die persönliche Verletzung sich nicht unbedingt auflöst, wenn ich jemanden zur Rechenschaft gezogen und eine Wiedergutmachung erzwungen habe. Manchmal ist das Hinnehmen die klügere Variante als das Einfordern einer Klarstellung.

Dieses Wissen, das sich auf Erfahrungen stützen kann, formt sich zu jenem inneren Wissen, das auch das Gefäß spirituellen Erfahrens und Wissens ist. Dieses innere Wissen gehört mit in den Prozess der Trauer. Je nachdem, wie tief die Verwundung durch den Verlust ist, kann es sein, dass der Zugang zu diesem

Erfahrungswissen fehlt. Dann muss gewartet werden, bis dieser Zugang sich öffnet. Da kann ein wacher Blick des auf dem Trauerweg Mitgehenden hilfreich Pate stehen. Das Erfahrungswissen kann sowohl von früher traumatisierenden Erlebnissen genährt sein als auch von der Einbindung in eine Lebenszusage, die aus Krisen geholfen hat. Im Falle der Wiederberührung mit schon gemachten traumatisierenden Erfahrungen kann eine fachkundige Begleitung hilfreich sein, um die sich selbst erfüllende Logik einer belastenden Erfahrung nicht weiter zu bekräftigen. Erfahrungswissen, das in anderen Situationen schon das Schicksal hat tragen helfen, kann auch dem Durchschreiten des Trauerweges hilfreich sein. Dann geht es darum, die vorhandenen Stärken zu nutzen – wenn die Zeit dafür reif ist. Nicht zu jeder Zeit ist Erfahrungswissen hilfreich – weder in der belastenden noch in der ermutigenden Ausprägung.

Eltern, die durch einen tragischen Unfall eines ihrer Kinder verloren haben, brauchen eine andere Stärkung ihres Vertrauens, wenn ein anderes Kind für ein Jahr im Schüleraustausch weit weg ist. Da ist das grundlegende Vertrauen, dass die Kinder wohl behütet durchs Leben gehen, tief verwundet. Auf dieses Grundvertrauen können die Eltern sich nicht stützen, wenn sie ihr anderes Kind am Flughafen verabschieden.

Was einem Elternpaar hilfreich war: Sie hatten ein sehr gutes Gespür dafür, was jetzt dran war. Sie wussten, wann sie sich von bestimmten Erinnerungsstücken an ihr verunfalltes Kind trennen konnten, sie wussten, wer ihnen wann hilfreich war, sie konnten an Stellen reisen, die eng mit ihrem toten Kind verbunden waren. Da gab es ein Wissen, das die Eltern auch mittrug, als sie ihr zweites Kind in den Auslandsaufenthalt entließen – das Wissen, mit Situationen umgehen zu können, wenn die Zeit dafür reif ist. Sie brauchten sich keinen Zwang auferlegen, ohne Verunsicherung und Angst Abschied zu nehmen. Sie wussten, dass irgendwann diese Gefühle sich wandeln würden. Die Zeit dafür müssen sie nicht beim Abschiednehmen wissen. Sie wird kommen – dann, wenn sie dran ist.

Gerade im Zusammenhang von Verlusterfahrungen bricht so vieles weg, weil der Verlust eine unüberschreitbare Grenze zu setzen scheint oder – etwa bei einem Verlust durch den Tod – auch setzt. Was aber bleibt, sind alle Erfahrungen, die bis zum Eintreten des Verlustes zusammengekommen sind – Erfahrungen unterschiedlichster Färbung. Im Begreifen- und Annehmenlernen des Verlustes spielt dieses Wissen eine große Rolle. Wie oft quälen sich Trauernde, weil sie noch gern etwas gesagt hätten? Wie sehr zermürbt es Trauernde, weil sie sich unsicher sind, ob zum Beispiel die Liebe noch stimmte oder ob jemand wirklich ein Vergehen aus den gemeinsamen Jahren verziehen hat? Solche ungeklärten Fragen wühlen immer wieder auf und lassen die Ruhe keinen Platz nehmen im Trauernden.

Wir dürfen jedoch annehmen, dass es ein inneres Wissen gibt, das eine Antwort auf solche Infragestellungen weiß. Es bleibt ein subjektives Wissen, aber dieses Wissen scheint die Nachfrage zu treiben, bis es sich vergewissern konnte. Oft sind die Antworten da, aber sie haben keine Ausdrucksform gefunden.

Das psychodramatische Konzept ruft dieses vorhandene, aber nicht nach außen gewandte Wissen auf, um mit der gegebenen Antwort auf dem Weg der Verlustannahme weitergehen zu können. Die Antwort muss nicht romantisch-heilsam sein. Aber die Antwort an sich, genährt aus dem eigenen inneren Wissen, ist Hilfe, um weitergehen zu können. (Eine ausführliche Beschreibung des psychodramatischen Arbeitens in der Trauerbegleitung findet sich in Schnegg, 2014.)

Lange Monate hatte sie ihren Lebensgefährten gepflegt. Er war bei der Reinigung der Dachrinne von der Leiter gefallen, lag wochenlang im Koma, bis er nach drei Monaten an den Folgen seiner Verletzungen starb. Die Gefährtin schmerzte am meisten, dass sie mit ihm nicht mehr hatte reden können. Es hätte keiner großen Worte bedurft. Es hätte ihr ausgereicht, wenn sie ihm wenigstens noch hätte sagen können, was er ihr im Leben bedeutete und weiterhin bedeuten wird. Sie erzählt der Begleiterin in ihrer Trauer, wie sie diesen Mann kennengelernt hatte, wie er ihr nach dem frühen Tod ihres ersten Mannes eine so achtsame und einfühlsame Begleitung gewesen war und wie sich daraus so überaus zart eine neue Liebesbeziehung entwickelt hatte. Die reiferen Lebensjahre waren frei von ungestümen Selbstbehauptungen. Sie konnten sich so annehmen, wie sie in ihren jeweiligen Eigenarten waren. Sie konnten schweigend beieinander sein, ohne das als Leere zu empfinden. Als er dann von der Leiter gefallen war und Wochen im Koma lag, da habe sie ihm immer wieder leise ins Ohr geflüstert: »Ich liebe dich!« Bei allem Schmerz habe sie das immer beruhigt und mit ihm verbunden. »Er musste nicht darauf antworten. Ich kenne seine Antwort. Auch er sagt bis auf den heutigen Tag immer wieder: ›Ich liebe dich.‹ Dieses Wissen ist mir ein großer Trost im Schmerz um seinen Tod.«

2.7 Vom spirituellen Schmerz

Wenn wir davon ausgehen, dass unsere physiologische Wirklichkeit auch eine spirituelle Dimension hat, wundert es nicht, auch von einem spirituellen Schmerz zu sprechen. Dieser Schmerz ist in der Regel kein rein geistiges Geschehen, sondern äußert sich auch stark körperlich. Das kann körperlicher Schmerz sein, aber auch Ausdrucksformen der Niedergeschlagenheit, der Verzagtheit, der Antriebslosigkeit usw. annehmen.

Der spirituelle Schmerz ist eine eigene Form des Schmerzes am Leben. Was das Leben fordert, das wird wahrgenommen als eine Verletzung, eine tief schmerzende Wunde. Wunde ist da, wo der heile Zustand nicht mehr gewahrt ist. Wir kennen so einen Schmerz überall da, wo das Leben in seiner existenziellen Größe angesprochen ist. Liebe kennt diesen Schmerz, Sehnsucht kennt diesen Schmerz, Enttäuschung, Ekstase, Angst kennen ihn – und Verlust und Trauer kennen diesen Schmerz ebenso. Es ist das Durchbrechen der Normalität, die diesen Schmerz hervorruft. Wie es sich am Beispiel der Liebe oder der Ekstase zeigt, ist das nicht nur ein Schmerz der Betrübnis, sondern ein Schmerz im Überschreiten dessen, was wir gewohnt sind, als Leben zu haben. Wie auch der physische Schmerz, so hat dieser spirituelle Schmerz auch die Funktion, auf Grenzüberschreitung hinzuweisen. Beide sind Hinweiser auf das Übersteigende und Mahner vor einem Zuviel. Der Hinweis und die Mahnung sind nicht schon die Befreiung aus dem Schmerz. Sie machen die Anzeige, auf die die Betroffenen zu reagieren versuchen. Mancher Schmerz kann nicht aufgelöst werden, solange die Wucht der Wunde sich bemerkbar machen muss. Bestenfalls gibt es Möglichkeiten überdeckender Milderung. Der Schmerz ist Bote einer Wunde, der es im Augenblick des Empfindens an Heilung mangelt. Es kann daher nicht Ziel sein, diese Botenfunktion des Schmerzes nur zu überdecken, ohne die Wunde wahrzunehmen. Manchmal heilt die Kraft des Lebens, die Natur, nach einer gewissen Zeit die Wunde und den Schmerz, manchmal bedarf es einer feinsinnigen Schmerztherapie, um den Zugang zur Heilung und zum unbeschwerteren Leben wieder aufzutun. Wir kennen Menschenschicksal, das unter viel Schmerz leiden muss, ohne ihn in seiner Ursache überflüssig machen zu können. Da sind die Errungenschaften der Schmerztherapie ein Segen, weil damit – soweit möglich – wieder Lebens-Raum eröffnet werden kann.

In der biblischen Überlieferung gibt es die Geschichte von der Vertreibung aus dem Paradies (Gen 3, 1–24). Mir schien, dass sie von einem grundlegenden spirituellen Schmerz der Menschheit erzählt. Es ist eine mythologische Geschichte, die keinen historischen Tatsachenbericht abgibt. Sie ist eine erzählerische Antwort auf die Frage nach einer Erklärung für die Wirklichkeit des Lebens. Warum müssen Menschen auch leidvoll und mühsam durchs Leben gehen? Warum gibt es nicht einen Zustand des dauerhaften Glücks? Warum müssen wir Menschen immer wieder in Spannungspolen leben: Warum gibt es die unbezweifelbare Freude am Leben und gleichzeitig die Mühsal, das Leben am Leben zu halten? Warum übersteigt das Glücksgefühl über die Geburt eines Kindes den heftigen, manchmal Leben bedrohenden Schmerz der Geburt?

Die Antwort unserer Ahnen in der biblischen Lebensdeutung weist auf etwas Grundlegendes hin: Der Mensch (Adam) hat seine enge Bindung an die Quelle seines Lebens (biblisch: an Gott) verloren. Das Bild vom Paradies (dem üppigen Garten mitten in vegetationsarmer Wüste, so die Erfahrung der Zuhörenden damals) malt den in der Menschheitsgeschichte nie dagewesenen Zustand einer ungebrochenen Einheit zwischen Schöpfer und Geschöpf. Die Erzählung aus dem Paradies könnte den grundlegenden spirituellen Schmerz erzählen, den der Mensch in seiner Verlorenheit und Sterblichkeit inmitten des unbegrenzten Universums wahrnimmt.

Manche Sinnfrage, die wir stellen, ringt um eine Bindung an einen alles übergreifenden Sinn, an jenes Sein, das unzerbrechlich ist. Die existenzielle Verlorenheit schmerzt manche Menschen, weil sie damit auch die Sinnhaftigkeit ihres Lebens angefragt sehen. Die Weltdeutung aller Religionen gründet ihren Sinn in der Anbindung an das Göttliche – wie immer es benannt sein mag.

In der Trauer stellt sich die Sinnfrage auch immer wieder. Die Trauer durchleidet den Schmerz eines Verlustes – dies meint nicht nur den Verlust nach Tod. Auch das Wahrnehmen, dass nichts übergeordnet Tragendes im Leben greifbar ist, kann Trauer und Niedergeschlagenheit, Gram und Depression auslösen. Der spirituelle Schmerz kann so beherrschend werden, wenn das Vertrauen in den grundgelegten Sinn des Lebens abhandengekommen ist. Diese Thematik kann alle Menschen erfassen – an einen Gott Glaubende ebenso wie Menschen, die sehr bewusst und entschieden nicht glauben.

Ein junger, in seinem Beruf erfolgreicher Mann rutschte ganz allmählich in eine Depression. Erst war es Unlust, dann Erschöpfung, dann Kraftlosigkeit, dann Gram, dann Arbeitsunfähigkeit, dann Verlust an gelingendem sozialem Umfeld, dann Einsamkeit mit einer ohne Medikamente nicht aushaltbaren Leere. Dieser Mann ist bewusst Atheist – nicht aus Trotz, nicht aus Abwehr gegen religiöse Gemeinschaften. Er ist analytisch denkend und weist die Vorstellung eines metaphysischen Seins oder Wesens zurück. Angefragt, wie er seine Sterblichkeit einordne, sagte er in gesunden Tagen, dass er das ganz realistisch sehe: Der Mensch ist Teil einer Natur, die von Sein und Vergehen her bestimmt ist. Der Mensch zerfällt, seine Atome werden zu neuem Leben beitragen, aber nicht im Sinne einer Wiedergeburt. Was als Mensch geschieht, ist ein naturwissenschaftlicher Vorgang – im Werden, im Dasein, im Vergehen. Glück und Sinn machte ihm, dass er mit seinen Begabungen einiges geleistet hat – beruflich wie privat, gut eingebunden in einen sozialen Kontext.
 Dass ihn die Erschöpfung traf, hat er erst als Überlastungssyndrom verstanden. Als ihn Anfälle von nicht näher beschreibbarem, schwerem, aber inhaltsverschlossenem Gram überfielen, spürte er den Schmerz, nirgendwo gebunden zu sein.

Hier ist jetzt nicht die Stunde der Mission. Hier geht es jetzt nicht darum, einem Menschen einzureden, wie lebenstragend die Bindung in einen übergeordneten Sinn, in das Transzendente, das Göttliche, einen personal gedachten Gott sei. Wie der Weg dieses erfolgreichen Mannes zurück zu seiner Lebenskraft sein wird, wissen wir nicht. Er könnte Zeuge eines Schmerzes sein, den wir spirituellen Schmerz nennen.

In der Verlorenheit manches Trauererlebens ist dieser spirituelle Schmerz denkbar. Für manche ist der Verlust so lebensbedrohlich, dass er wie ein metaphysisch-existenzieller Schmerz wahrgenommen wird. Das Verbindende ist der Schmerz, sich nicht mehr angeschlossen zu fühlen, vertrieben aus einer Leben tragenden Beheimatung. Dieser Schmerz wird seine eigene Therapie, Begleitung, brauchen. Die Zugänge zu diesem Schmerz können sehr unterschiedlich sein, können sich auch im Durchleiden des Trauerweges wandeln. Manchmal ist die sich annähernde Rückbindung an das Göttliche eine Hilfe, manchmal gilt es auch, diesen Schmerz da sein zu lassen und abzuwarten, was sich als Linderung anbietet. Dieser spirituelle Schmerz braucht – wie der körperlich verursachte Schmerz – eine feinsinnige Begleitung. Oft haben sich spiritueller und körperlicher Schmerz verbunden – als ob sie dem blockierten Menschen helfen wollten, einen Zugang zu Leben neu auszuprobieren.

Nach einem schweren Unfall lag ein Mann viele Wochen in einer Spezialklinik. Einige Operationen waren nötig, um den Mann wiederherzustellen. Nach der Operation eines Gelenkbruchs waren die postoperativen Schmerzen unbegreiflich groß. Auch die schmerztherapeutische Behandlung schlug nicht an. Als die ratlose Visite das Zimmer verlassen hatte und die Pflegerin das Bett wieder richtete, strich sie über die Bettdecke und sagte: Man fährt nicht einfach so gegen einen Brückenpfeiler. Das war alles, was sie sagte. Der Mann begann leise zu weinen. Die Schwester blieb noch kurze Zeit bei ihm, dann verließ sie das Zimmer. Der körperliche wie spirituelle Schmerz konnte sich von da an allmählich lösen.

2.8 Glaubenskraft und Glaubensverlust

Glaube könne Berge versetzen, sagt ein Sprichwort in Anlehnung an das Neue Testament. Glaube beschreibt hier weniger das Lehrgebäude einer Religion als das Vertrauen in das Leben, in Gott, in das Göttliche. Dieses Vertrauen gründet wohl auch in der Überzeugung, dass es einen alles zusammenhaltenden Sinn gibt.

Trauer als Patin des Verlustes muss oft sehr um dieses Vertrauen ringen. Meist ist der Verlust mit der Täuschung eines Vertrauens verbunden:

Ich hatte mich so darauf verlassen, meine Arbeit weiterführen zu können. Jetzt bin ich gekündigt und arbeitslos.

Oder: Ich habe so viel eingebracht in unsere Beziehung, habe Geheimnisse meiner Lebenssehnsucht offenbart, habe mich mit all meiner Größe, aber auch meiner Zerbrechlichkeit einem Menschen anvertraut – und nun hat dieser Mensch mich verlassen, hat einen anderen Menschen an meine Stelle genommen. Eine tiefe Enttäuschung, eine tiefer Vertrauensbruch ist diese Trennung für mich.

Oder: Wir haben so gekämpft, als wir von der Krankheit hörten. Wir haben alles auch an spiritueller Kraft in Gang gesetzt, haben gebetet, Kerzen angezündet, haben die Hoffnung nicht aufgegeben – und dann ist sie gestorben, dennoch, viel zu jung. Wie soll ich da vertrauen können? Mein Glaube ist dahin.

Überall, wo es um das Durchleben von Verlusten geht, steht auch der Glaube, das Vertrauen, auf dem Prüfstand. Es ist nicht automatisch gewährleistet, dass in einer Krise der Glaube trägt; es ist aber ebenso nicht ausgeschlossen, dass gerade in der Krise der Glaube eine eigene Kraft wird. Es gibt keine Garantie, dass der Glaube jeden Verlust möglichst unverletzt überwinden hilft.

Auch in biblischen Erzählungen wird dieses Thema des Ringens um die Kraft des Glaubens behandelt. Das Buch Hiob ist eine solche Lehrerzählung. In ihr treten Gott und der Satan auf, Lebensschöpfer und Lebenshinderer. Der Hinderer sagt, dass sich Menschen, selbst die Frommen, nur so lange im Vertrauen auf Gott halten, wie sie durch ihn Schutz und Zuwendung erfahren. Wenn aber die Krise in der kaum vorstellbaren Brutalität kommt, dann werde dieser Glaube wanken. Was hilft ein Gott, wenn er nicht hilft?!

Das Schicksal, das den Hiob trifft, bietet Grund genug, dem Glauben abzuschwören. Seine Frau verhöhnt ihn, weil er in allen Verlusten seinen Glauben nicht aufgeben will. Er verliert seine Habe, seine Freunde, seine Gesundheit, seine Kinder – menschlich übersteigendes Verlustleiden muss dieser Hiob tragen. Die Erzählung löst menschlich nicht das Problem, warum Gott das Leiden zulassen kann. Sie stellt einen Menschen vor, der um seinen Glauben ringt, auch durch Klage, durch Infragestellung, durch Angriffe gegenüber einem Gott, dessen Verhalten unmenschlich ist. Am Ende ergibt sich der ringende und geschlagene Hiob der unergründlichen Größe Gottes. Die biblische Geschichte endet mit einer reichen Belohnung dieses Vertrauens.

Für die Leserschaft ist dieses Lehrstück ein Beispiel, wie die Glaubenskraft in allen Bedrohungen durch die Verluste obsiegt. Die Geschichte setzt kein Maß, das jede und jeder Glaubende so erreichen muss. Sie ist Ermutigung, sich im Verlusterleben mit dem Urgrund des persönlichen Vertrauens auseinanderzusetzen, sich damit anzulegen – immer in der Hoffnung, dass es dieses Gegenüber gibt, das sich für mich ansprechbar erweist.

Glaubenskraft können wir nicht auf Abruf herstellen. Die persönliche Geschichte des Vertrauens wird uns bestätigen dass es immer wieder Situationen gab, in denen sich das Vertrauen gestärkt sah, aber auch solche, in denen das Vertrauen auf eine harte Probe gestellt wurde. Warum es einmal stärkend und einmal verloren war, dafür wissen wir nur selten stichhaltige Gründe. Manche berichten, dass ihnen, die sich keiner besonderen Glaubenskraft bewusst waren (»Religion spielte für mich keine Rolle«) dieses Vertrauen zugewachsen ist. Sie mögen stammeln und stottern, um dieser Begegnung mit der vertrauenden Kraft Sprache zu geben. Es ist etwas da, nicht gemacht, nicht aufgesetzt – einfach da und wohl mittragend. Der Schmerz des Verlustes ist nicht aufgehoben, die Unebenheiten des Chaos der Trauer sind nicht geglättet; aber eine Zuversicht ist da, eine eigene Ruhe, die so liebevoll besänftigt.

Im Zusammenhang mit der Vorbereitung einer Beerdigung begegnete der Mann der Verstorbenen dem Pfarrer mit vornehmer Zurückhaltung. Sie besprachen, was zu besprechen war. Der Hinterbliebene vermied spürbar eine Darstellung seiner Distanz zur Kirche und zu alldem, was damit zusammenhängt. Nach dem höflich zurückhaltenden Austausch gingen beide auseinander. Die Beerdigung vollzog sich würdig, der Verstorbenen und ihren Hinterbliebenen sehr angemessen. Sie bedankten sich – nicht mehr nur höflich, sondern herzlich.

Nach Wochen begegneten sich der Witwer und der Pfarrer durch Zufall in der ansonsten leeren Kirche. Ein wenig Verlegenheit, dann aber auch eine vertraute Zuwendung: »Ich komme fast jeden Tag hierher und verweile. Dann werde ich ruhig und weiß, dass sie nicht verlorengegangen ist. Sie werden das Gott nennen, der das bewirkt. Ich weiß es nicht, wie der Name dessen ist. Aber nur hier finde ich diese tröstende Gewissheit.«

Der Glaubensverlust verstärkt für viele die Verlorenheit in der Trauer. Der so sicher geglaubte Anker des Gottvertrauens scheint keinen haltenden Grund gefunden zu haben. Kostbar ist es, wenn dieses Erleben nicht überdeckt wird mit schnellen Sprüchen der Zuversicht. Auch die Dunkelheit des nicht mehr greifbaren Vertrauens in die sinngebende Macht des Göttlichen ist eine angemessene Erscheinungsform der Trauer. Der Verlust an sich geht, wie beschrieben, mit einer Infragestellung des bis dahin so selbstverständlich angenommenen Vertrauens einher. Diese Dunkelheit muss nicht der Endpunkt des Glaubens sein. Indem sie da sein kann, hat sie ihre Bedeutung und will als solche gewürdigt sein.

Eine in der Kirchengemeinde sehr engagierte Frau kommt in hohem Alter zu ihrem Sterben. Sie war eine lebensfrohe Natur, hatte nie Not, dass ihr Gott abhandenkommen könne. Sie war sich gewiss, dass es Gott gibt und auch ein ewiges Leben. Sie trug dafür überaus üppig-wohlige Bilder in sich – von einem Ort mit einem großen Festmahl, einem Ort der Wiederbegegnung mit den Lieben, einem Ort der Ruhe und des Friedens.

Ihr Sterben zog sich lange hin. In dieser Zeit zerbröselte ihre Gotteszuversicht zunehmend. Sie stellte mehr und mehr Fragen, teils ängstlich, teils provozierend – vielleicht auch danach heischend, dass die anderen ihr ihren Glauben wieder zurückbrächten. Am Ende ihres Weges seufzte sie nur noch: »Ob das alles wahr ist, was wir von Gott sagen? Ob es einen Himmel gibt?« Die Umstehenden konnten ihr keine zufriedenstellende Antwort geben. Ganz zum Schluss bat sie, man möge für sie beten. Sie könne es nicht mehr.

Für die Umstehenden war dieses Erleben der zerbrochenen Glaubensgewissheit eher ein Zeugnis eines Vertrauens, das sie nicht mehr selbst steuern konnte. Sie hingegen wird diesen Verlust vielleicht als Schmerz empfunden haben.

2.9 Das Übersteigende

Es wird nicht für jeden Menschen zutreffen, dass er Berührung mit dem hat, was das den Menschen Übersteigende ist. Für viele ist es aber eine sehr gewichtige Frage – auch im Durchleben des Verlustes, in der Trauer. Für viele ist es ein sehnlicher Wunsch, die geliebten Verstorbenen im Jenseits wiederzusehen. Manche halten ihre Trauer nur aus, weil sie von dieser Hoffnung leben, ihre Toten einmal wiederzusehen. Da spielt es keine Rolle, mit welcher aufgeklärten Klarheit sie sonst ihr Leben regeln. Wenn ein geliebter Partner, wenn gar ein Kind gestorben ist, dann ist vielen die Vorstellung eines Wiedersehens der gewichtigste Haltepunkt, um diesen spirituellen Schmerz der Trennung überhaupt überleben zu können. Dann spielen sich manchmal anrührend naive Bilder auf: Das Wiedersehen im Paradies, ein Entgegenkommen, wenn der eigene Tod einen in das Jenseits führt, das Erkennen der beidseitigen Sehnsucht, irgendwann wieder vereint zu sein – der längst Verstorbene und die Zurückgebliebene. Dann gibt es einen Raum des unendlichen Friedens, ohne Schmerz, ohne Klage, ohne Tränen – ein Zustand des von nun an unbegrenzten Zusammenseins, eine Wiedervereinigung der Liebe. Diese so bildgeprägte Vorstellung ist für manche unerlässlich, um überleben zu können. Da malt die Sehnsucht die zu erwartende Wirklichkeit, nicht der nüchterne Verstand.

Es ist nicht ohne Grund, dass in allen Religionen der Welt es Bilder zu diesem Endzustand nach dem Erdenleben gibt. Es sind oft duale Bilder – vom gelungenen Leben und vom verpassten Leben, von Himmel und Hölle, von Karmawirkung und Zufallsfolge. In diese Vorstellungen vom Jenseits spielen sich auch die ganz persönlichen Verortungen ein. Dazu gibt es die unterschiedlichsten Bilder und Reden – das Reden von Auferweckung und das vom Nirwana. Es sind Orte, die keine sind, aber trotzdem als solche benannt werden. Wir haben kein anderes Maß als das der Bilder, um unsere Hoffnung auf das auszudrücken, was das uns Übersteigende, das Transzendente, das Göttliche, Gott benannt ist.

Wir haben nichts anderes als Bilder für diese von uns geglaubte oder ersehnte Wirklichkeit – und indem wir Bilder ausmalen, bekunden wir gleichzeitig, dass die von uns angesprochene Wirklichkeit total anders ist. Wenn wir es nüchtern benennen wollten, dann ist nichts mehr zu sagen, als dass dieses zu Beschreibende anders ist – jenseits unserer sprachlichen Fassbarkeit. In unserem Denken sind wir eingegrenzt durch die Dimensionen von Raum und Zeit. Darin spielen sich unsere Gedanken, unsere Gefühle, unsere Möglichkeiten der Begegnung ab. Der Zustand, den wir nach dem Tod beschreiben möchten, entzieht sich aber der Beschreibung, weil da Raum und Zeit nicht begrenzende Dimensionen sind. Unsere Bilder der Begegnung mit den Verstorbenen oder mit dem vollendenden Gott sind Bilder unserer Begrenzung. Sie sind nötig, weil wir sonst nichts hätten. Aber sie weisen über sich hinaus. Es bleibt die Ehrfurcht vor dem, was unser Denken und Benennen übersteigt. Das so Andere ist da – nur unbeschreibbar da.

Wenn wir uns in dieser grundsätzlichen Unbenennbarkeit des Anderen dennoch auf Bilder der Sehnsucht, der Hoffnung und des Trostes stützen, stützen müssen, dann ist das kein Mangel, kein menschlich kleinmütiges Versagen. Es ist Hilfe, dem Unaussprechlichen eine erahnende Sprache zu geben.

Einem Vater, dessen Tochter in frühen Jahren durch einen Unfall gestorben war, haftete der Schmerz des Verlustes über Jahre und Jahrzehnte an. Er ging seiner Arbeit nach, ging zur gegebenen Zeit in Rente, ließ sich irgendwann die unheilbare Wunde des zu frühen Todes seiner Tochter nicht mehr anmerken. »Er ist drüber und wieder voll im Leben angekommen«, sagten seine Angehörigen, nicht ohne Erleichterung, weil seine Trauer so unversöhnbar tief war. Als er ernsthaft, aber nicht unheilbar erkrankte, wollte er keine medizinische Hilfe – außer, dass er möglichst schmerzfrei sterben dürfe. Die Umstehenden konnten das nicht verstehen. Er war ein Mann, der dem Augenschein nach doch wieder gelernt hatte, dem Leben zugewandt im Tag zu sein. An einem Abend, als sein Sohn ihn fragte, warum er denn einfach so aufgeben wolle, sagte er mit einem Strahlen im Gesicht: »Darauf warte ich seit 35 Jahren: Dass ich Luisa wiedersehen darf. Jetzt spüre ich, dass sie auf mich wartet, auf der anderen Seite.«

2.10 Ausdrucksformen spiritueller Kräfte

Die Sehnsucht

Direkt nach dem Verlust ist die Sehnsucht oft noch gar nicht so spürbar. Es gibt das Empfinden eines schmerzlichen Verlustes. Der Verlust ist noch so frisch, dass er in all seinen Dimensionen der Lebensveränderung noch gar nicht vorstellbar ist. Er durchlebt sich mit jedem Augenblick, mit jedem Tag. Manchmal denken Hinterbliebene: »Wenn nur die Beerdigung vorüber ist, dann wird es wieder weitergehen. Es muss ja.«

In der Regel geht es aber anders. Mit jedem Tag mehr ohne den Verlorenen verschärft sich erst einmal der Schmerz des Verlustes. Die Trauer vertieft sich, fällt vielleicht in unvorstellbare Tiefen, dass der Alltag kaum oder auch gar nicht mehr zu regeln ist. Das Aufstehen fällt schwer, über allem liegt ein Schleier des Unwirklichen, der Gram hat sich ans Gemüt geheftet, die Kraft zur Erledigung des Nötigsten ist kaum aufzubringen. Und immer wieder der Gedanke an den Verstorbenen. Wie eine Besetzung kann das werden. Jeder Gedanke, jedes Empfinden wird von diesem Schmerz des Verlustes durchdrungen.

Wir wissen, dass das normalerweise nicht den Rest des Lebens so dauern muss. Die Zeit, die Einzelne brauchen, um dem Verlust einen realistischen Platz im eigenen Leben zugewiesen zu haben, ist individuell sehr unterschiedlich. Manche haben nach einem Jahr einen neuen Zugang zu einem anders gearteten Leben gefunden – ohne den Verstorbenen, aber im Wissen um ihn und die gemeinsame Lebensgeschichte. Andere brauchen fünf oder sieben Jahre oder länger, um den Verlorenen zu »verinnern«, ihm in sich einen neuen Platz zu geben.

Die Sehnsucht nach dem Verlorenen kann eine starke Kraft werden im Verlauf des Trauerweges. Damit ist sie auch Teil der Spiritualität, Teil dessen, was das Leben mit Leib und Seele durchwirkt. Die Sehnsucht ringt um das Bleibende in der Verbindung mit dem Verlorenen. Je bedeutsamer der Verlorene in meinem Leben war, umso beherrschender kann die Sehnsucht werden. Sie ist wie das Ausstrecken nach dem, was nicht mehr greifbar ist. Sie ist brennend und fordernd, ermüdend und aufstachelnd, sie tröstet und windet sich untröstbar. Die Sehnsucht trägt vielerlei Empfindungen, auch gegensätzlicher Natur. Die Sehnsucht weiß, dass es keine Wiederverbindung in der Weise gibt, wie es früher war. Die Sehnsucht hält aber schmerzreich daran fest – bis sie vielleicht begreift, dass sie eine hilfreiche Kraft ist – eine Kraft zur Wiederverbindung.

Verluste schmerzen, weil Verlorenes unwiederbringlich ist. Der Verlust eines Arbeitsplatzes kann unwiederbringlich sein, die Auflösung einer Partnerschaft ist meist unwiederbringlich, der Verlust eines Körperteiles ist unwiederbringlich, der Tod eines zu mir gehörenden Menschen ist unauflösbar unwiederbringlich. Das Unwiederbringliche hat eine mitgehende, für lange Zeit vielleicht nie enden wollende Begleitmelodie: »Nie wieder« – nie wieder kann ich sie sehen, nie wieder mit ihr sprechen, nie wieder ihre Stimme, nie wieder ihr Blick, nie wieder ihre unverwechselbaren Bewegungen, nie wieder ihr stiller Rat, nie wieder ihre Lust, nie wieder ihr Lachen, nie wieder ihr Weinen, ... nie wieder, dass sie diesen Mantel anzieht, der so nutzlos am Garderobenhaken hängt. Das Nie-wieder kann bis in die kleinsten Banalitäten gehen. An diesem Nie-wieder verstummt manches Aufbegehren gegen den Verlust. Er ist da und hinterlässt, wohl möglich, ein bleibend Unwiederbringliches.

Die Sehnsucht, dass wenigstens etwas von dem bleiben möge, was jetzt unwiederbringlich ist, ist eine starke Lebenskraft. Sie kann hindern, vor allem in der Zeit der Unstillbarkeit; sie kann aber auch Brücke werden, um das Bleibende am Verlorenen wieder aufzunehmen. Die geistliche Kraft liegt darin, das Besondere des Verlorenen nicht in den Tod geben zu müssen, sondern als Anteil des eigenen Lebens aufzunehmen. Das Einzigartige, das zu Lebzeiten so verbindend war, bleibt als Schatz der Erinnerung und Erfahrung erhalten. Die Sehnsucht, die das Verlorene wieder im vertrauten Maße wiederhaben will, verdeckt erst einmal diese Kraft des mitgehend-mittragenden Erinnerns. Manchmal muss die das Alte wiederhaben wollende Sehnsucht erst gebrochen sein, um dem Sehnen einen realistischen Platz im eigenen Wesen zuweisen zu können. Der Schmerz des Verlorenen kann sich wandeln zu einem inneren Wissen um das über den Tod hinaus Bleibende. Auch hier können psychodramatische Sequenzen helfen, sich der Kraft der Sehnsucht und des Wandels in einen Teil der eigenen Lebenskraft zu bedienen. Es geht um das Zu-mir-Nehmen dessen, was am Verlorenen so mittragend für das eigene Leben war.

Eine erwachsene Tochter kann den Tod ihrer Mutter nicht verkraften. Manchmal spüre sie den Drang der Sehnsucht so körperlich heftig, dass sie wie gelähmt am Fleck stehen bleiben muss, bis der – so nennt sie es – Krampf der Sehnsucht sich wieder lockert. Überall sieht sie das Fehlen der Mutter, die selbst nach ihrer Hochzeit immer im Haus nebenan gelebt hatte. Und das geht jetzt schon zwei Jahre so. Der Hausarzt hat ihr Psychopharmaka verschrieben – aber die lenken nicht ab. Wenn, dann kommen die Krämpfe der Sehnsucht ganz plötzlich und nageln sie fest. Ihr Leben geht keinen Schritt weiter. Für eine Zeit hat sie diese Sehnsucht genossen. »Ich konnte mich dreinkuscheln«, sagt sie mit einem wohligen Lächeln. Aber je häufiger das kam und je fremder das ihrem Umfeld wurde, umso mehr erwies sich diese Sehnsucht als Hindernis. Sie merkte, dass sie die Mutter liebte, aber dass die Sehnsucht auch etwas vom Festhalten der Mutter bekam. Sie ließ sie nicht gehen?

Auf der psychodramatischen Bühne kam es zur Begegnung zwischen Tochter und Mutter. Gerade der Sehnsucht-Krampf wurde auf der Bühne sichtbar. Und in der Rolle der Mutter stieß die Tochter einen kurzen schrillen Schrei aus: »Um Gottes willen, was ist denn mit dir los?!« Da erkannte die Tochter, dass die Mutter sie nicht halten wollte. In einer von ihr gestalteten trauten Szene eines Gesprächs mit der Mutter wurde viel wärmende Verbindung spürbar. Aus der Rolle der Mutter kam am Ende der Begegnung die Aufforderung, sie möge ins Haus gehen und »um Gottes willen nicht so starr steckenbleiben!« Und da lachte die Tochter und bat: »Gibst du mir noch etwas mit?« Aus der Rolle der Mutter sprach sie bereitwillig: »Meine Liebe gebe ich dir mit – und den guten Rat, dein Leben nicht zu verpassen.«

In der anschließenden Reflexion der Botschaft dieser Begegnung wusste die Tochter, was das für sie hieß, das Leben nicht zu verpassen.

So eine Begegnung ist nicht zu jeder Zeit des Trauerweges angemessen. Sie muss reif sein, da ansetzen, wo die Sehnsucht nicht mehr Lebenskraft, sondern Lebenshinderer wird. In einem Begleitprozess ist es die Aufgabe des Mitgehenden, den Moment zu finden, in dem die Sehnsucht offen ist, sich wandeln zu können in ein inneres Wissen.

Die Verzweiflung

Im Prozess der Trauer versammeln sich viele, auch gegensätzliche Empfindungen, um die Unbegreiflichkeit des Verlustes fühlbar zu machen. Neben der Sehnsucht, der Glaubenskraft, dem Glaubensverlust, dem Schmerz, dem Aufbegehren, der Hinnahme, der Annahme, dem Widerstand ... kommt auch die Verzweiflung ins Spiel – nicht für jeden, aber eben auch.

Die Verzweiflung ist ebenfalls Anteil der Spiritualität, des geistlichen Geschehens im Gang der Trauer. Verzweiflung wird meist negativ bewertet als ein Empfinden, das nur vergiftende Energie ausströmt.

Dabei kann die Verzweiflung eine sehr angemessene Ausdrucksform dessen sein, was ein Mensch in seiner Trauer um das Verlorene wirklich wahrnimmt. Die Verzweiflung ist nicht hilfreich als ein letztendliches Dauergefühl. Verzweiflung drückt der Lebenskraft sehr viel Atem ab. Daher ist es erstrebenswert, aus der Verzweiflung herauszufinden.

Aber dadurch, dass sie da sein kann, nicht willentlich heraufbeschworen, hat sie eine auch spirituelle Botschaft, die es gilt, ernst zu nehmen. Die Verzweiflung beschreibt, dass etwas nicht mehr eins ist, nicht mehr übereinstimmt. Die Harmonie ist durchbrochen, der Standpunkt ist aufgeweicht, die Sicherheit verunsichert, das Selbstverständliche rissig. Es passt das, was zusammengehört, nicht mehr aufeinander. Im Körperlichen bildhaft beschrieben ist die Verzweiflung der Zustand, dass die Zellen, die zusammen oder zueinander gehören, nicht mehr am rechten Platz sind. Es stimmt nicht mehr. Und das Nicht-mehr-Stimmen drückt sich als Empfinden des Zerbrechenden aus. Manche Verzweiflung fühlt sich körperlich an – so, dass nichts mehr aufeinander passt. Der Mensch erlebt sich entzweit, nicht mehr ganz, nicht mehr heil.

Der Verlust kann diese Reaktion auslösen. Die Verlorene gehörte so sicher in das Gefüge des eigenen Lebens, dass ihr

Hinausbrechen eine Lücke und mit der Lücke einen Rutsch in das ganze System des Lebens brachte. Das kann sich psychosomatisch ebenso offenlegen wie in psychischer Entzweiung. Solange diese Verzweiflung keine krankhafte Dimension annimmt, bildet sie sich auch zurück – dann nämlich, wenn sich das Leben allmählich wieder »geraderücken« konnte, sich wieder in Fassung zu bringen fähig war.

Für das Umfeld war es kaum aushaltbar, dass er nach der Trennung so aus dem Rahmen fiel. Die Frau hatte ihn verlassen. Sie hat sich einem anderen Mann zugewandt. Seine Kränkung war sehr groß. Freunde halfen ihm, indem sie ihm zuhörten, seine Selbstvorwürfe aushielten, seiner Wut Raum ließen, einer Wut, die sich plötzlich in Sehnsucht und Liebesschwüre wandelte, um dann wieder in aller Wucht die Zumutung des Verlassenwerdens zu beklagen. All das war den so wohlmeinenden Freunden möglich mitzutragen. »Aber seine abgrundtiefe Verzweiflung …!«, sagten sie ratlos. Da ist er unerreichbar. Er ist ein gebrochener Mann, in sich auseinandergebrochen. Die Freunde meinten, dass sie es seinem Körper ansähen, dass er nicht mehr zusammen sei. Der Verlassene wurde geplagt von einer Schmerzbesessenheit, die es ihm kaum möglich machte, seinen beruflichen Pflichten nachzugehen. Er zwang sich – aber auch an der Arbeitsstelle wusste man bald, dass er gebrochen, entzweit, verzweifelt war. Ein Stück seiner Lebensgewissheit war herausgebrochen und hatte das so gewiss geglaubte Gesamtgebäude zum Einsturz gebracht.

    Es brauchte eine lange Zeit, bis ein weiteres Auseinanderbrechen sich verlangsamte, dann ruhiger wurde und zum Stillstand kam. Das war da, als ihm möglich wurde, die Wirklichkeit des Verlustes anzunehmen, wie sie war. Er hörte auf, die Frau nur schuldig zu machen. Er begann, wieder regelmäßiger zu essen, wieder zielstrebiger zu gehen, statt umherzuirren, wieder zusammenhängender sich zu äußern statt überschlagend zu sprechen. Sein Körper entspannte sich mehr und mehr. Eine große Müdigkeit befiel ihn, denn erst jetzt spürte er, wie unendlich anstrengend es war, sein auseinanderbrechendes Leben irgendwie zusammenzuhalten. Mit der Müdigkeit wich die Verzweiflung von ihm. Er konnte sein Leben im Wissen um den Verlust und die damit verbundene tiefe Kränkung seines Lebensempfindens neu ordnen.

2.11 Annäherung und Anpassung

Ein 65-jähriger Rentner erfuhr die Diagnose einer Prostata-Krebserkrankung. Die Krankheit wurde in frühem Stadium erkannt, so dass alle beteiligten Ärzte eine gute Prognose für eine Heilung gaben. Auch die Therapie – Operation und Bestrahlung – erwies sich als vergleichsweise hinnehmbar. »Glück gehabt«, sagt ein Arzt, als der Patient nach dem Kontrolltermin die Praxis verlässt.

Tatsache aber ist, dass mit der Diagnose »Krebs« für den Patienten ein neu markierter Lebensabschnitt begonnen hat. Selbst wenn die Heilungschancen sehr gut sind und die ersten Kontrolluntersuchungen keinerlei Grund zur Besorgnis eröffneten – das Leben vor der Diagnose »Krebs« und nach der Diagnose »Krebs« ist anders. Allein die Begegnung mit schwer an Krebs Erkrankten in den Wartezimmern der Arztpraxen und des Krankenhauses ließen unmissverständlich erkennen, nun auf der anderen Seite zu sein. Er erlebt es kurzzeitig als ein angsteinflößendes Menetekel: »Ich gehöre nun zu denen, von denen ich früher sagen konnte: ›Die‹ – die Betroffenen.«

Die Minuten und Stunden nach der Mitteilung durch den Arzt sind ihm in guter Erinnerung – und zugleich ist ihm, als sei er durch einen Nebel geschoben worden, eben zur anderen Seite hin. Das muss er erst begreifen, was das für ihn bedeutet.

Die gute Prognose verhindert, dass er emotional außer Kontrolle gerät. Aber es bewegt sich etwas. Er begreift, dass er sich dieser neu benannten Realität stellen muss. Was heißt »sich stellen«? Was ansteht, ist für ihn kein einmalig zu treffender Erkenntnis- und Entscheidungsakt. Er spürt die Spannung zwischen dem Wissen um die Krankheit, um die Formen der Therapie und dem Unausweichlichen innerlich nachzukommen. Das begriff er sehr bewusst als einen spirituellen Akt. Was er wissen wollte – und mehr als das –, fand er im Internet. Damit war sein Verstehenwollen gestillt. Formulierungen aus dem Arztbericht bekamen eine Dimension – vom Grad der Erkrankung, von den für die Bestimmung wichtigen Parametern, von den Vorzügen und Nachteilen verschiedener Therapieansätze, von dem, was aktuell Standard der Therapie sei. Das kognitive Erfassen der Diagnose wurde vielfältig als Unterstützung erfahren – neben dem Internet auch von befreundeten Ärzten und von selbst Betroffenen.

Was spirituell zu erbringen war, ließ sich nicht mit ein paar Klicks im Internet erledigen. Es ging um den Prozess der Annäherung an das, was die Krankheit für sein Leben bedeutete. Später verdeutlichte er dieses Geschehen mit dem Prozess der Anpassung. Das war für ihn ein Unterschied – Annäherung und Anpassung. In der Annäherung sah er das langsame, durchaus auch ängstliche Herantasten an diese neu bekannte Wirklichkeit. Die Anpassung forderte von ihm ein aktives Mittun im Prozess der Annahme und Gestaltung seiner Erkrankung.

Annäherung und Anpassung – zwei fein unterscheidbare Weisen, sich der Realität zu stellen. Das gilt für jede Form der Veränderung im Leben. Bei einfachen, vielleicht den Lebens-Raum beglückend erweiternden Ereignissen geschieht so eine Anpassung manchmal wie von selbst. Im Zusammenwachsen einer Partnerschaft etwa vollzieht sich immer wieder eine

Anpassung an die Wirklichkeit, die die/der je andere mit in die Beziehung der gemeinsamen Lebensgestaltung einbringt.

Im Fall der ernsthaften Erkrankung gestaltet sich der Weg der Anpassung oftmals schwieriger. Das Vertraute muss zurückgelassen werden. Was als nächster Augenblick kommt und dann Anpassungsleistung erfordern kann, ist bis dahin nicht bekannt.

Eine zum Sterben erkrankte ältere Damen antwortete – nicht ohne Ironie – auf die Frage, wie es ihr gehe: »Ich weiß es nicht, ich bin bisher noch nie gestorben.«

Wie kann so ein Weg der Anpassung gehen? Der Verlust des bisher Gewissen und Vertrauten ist da, wird vielleicht als Bedrohung erlebt, vielleicht als erstarrtes Neutrum, vielleicht als Bestätigung einer Vorahnung. Es gibt ein Gegenüber, das ab jetzt den Ton anzugeben scheint. Es ist gesetzt, ohne meine Einwilligung. Dann gibt es das Zurücktreten, einen, zwei, viele Schritte weg – ohne dass letztlich eine befreiende Distanz herstellbar ist. Der Schritt zurück lässt einen weiteren Gesamtblick des Gegenübers zu; aber die Weite kann auch verwirren. Was nicht alles dazugehören könnte! Dann gibt es immer wieder einmal mutige Schritte näher ran – und vielleicht schnellere Schritte zurück in die Distanz. Unbeirrbar und unbestechlich bleibt das Gegenüber. Dieses bekommt Zuschreibungen – von grässlichem Feind bis zu dem, der sich vielleicht durch Liebhaben umstimmen lassen könnte. Irgendwann ist es die Leistung der Anpassung, dieses Gegenüber so zu benennen, wie es heißt, in der möglichen Nüchternheit, die zur Verfügung stehen kann. Immer wieder braucht es auch Momente, in denen der Blick bewusst woanders hin geht, kleine Verschnaufpausen eines Ignorierens – auch das ein Schritt der Anpassung.

Dann wagt sich der Blick etwas entschiedener auf die Wirklichkeit des Gegenübers. Entschiedener – mit der Möglichkeit, auch hier wieder wegschauen zu können. Aber dem Blick gelingt es, länger in der Konfrontation zu verharren. Manchmal fleht der Blick um Erbarmen, dass sich die Wirklichkeit nicht so unbarmherzig erweisen möge. Manchmal hält der Blick allen Anfragen stand und weicht nicht zurück vor der Klarheit, die das Leben anders weitergehen lassen wird. Dann, irgendwann, wagt sich die Hand aus der Deckung, dem Unausweichlichen entgegen, nicht zur Verbrüderung, aber zum Mitgehen. Ein weiterer Schritt der Anpassung. Es bindet sich ein Zutrauen ein, dass dieser Weg zusammen gangbar sein wird, wie immer sein Ziel aussehen wird. Im Ergreifen des Gegenübers, in der Einwilligung, diese Wirklichkeit nun anzuerkennen, liegt die Einwilligung, das Sein anzunehmen, wie es jetzt ist.

Und es ist möglich, mit Freunden darüber zu sprechen. Es gelingt der Weg in die onkologische Praxis. »Es muss sein!«, sagt der Verstand; die Anpassung schickt leise hinterher: »Es kann sein, auch weil es sein muss.« Die Anpassung ist ein Prozess der Annäherung, dann aber auch mit der Einwilligung, sich der unausweichlichen Wirklichkeit zu stellen.

Wenn ein Anpassungsmodul geschafft ist, muss man nicht am Ziel sein. Es kommen andere Erscheinungsbilder, die mit der neuen Wirklichkeit Krebserkrankung oder Verlust oder Trauerweg einhergehen. Die Geisteshaltung der Anpassung bleibt notwendig, denn immer neue Situationen treten auf, die einer Anpassung bedürfen. Es ist die Einwilligung, nicht allein Bestimmer des Wegs zu sein, sondern zusammen mit der verändernden Wirklichkeit unterwegs zu bleiben. Jedes kleine erreichte Ziel der Anpassung kann weitere Notwendigkeiten eröffnen, sich in der Anpassung zu üben. Der Abergeist der Anpassung ist die Verweigerung, die Resignation. Während die Anpassung hilft, Lebenswege zu eröffnen, verstellen Verweigerung und Resignation diese Wege. Wir wissen, dass es im Leben nicht immer die Kraft zur Anpassung gibt – das sei im

Respekt vor denen betont, die keinen anderen Weg als den der Verweigerung und der Resignation zu gehen finden.

Anpassung kann sich auch in die Fehlform der Gefangenschaft verkehren. Dann unterwirft sich das eigene Empfinden gänzlich der dazugekommenen Wirklichkeit – in Resignation und Verzweiflung. Anpassung meint aber die Bewegung zur verantworteten Freiheit hin.

Anpassung ist eine Geisthaltung des Schöpferischen, der Gestaltung mitten im Vorgegebenen. Die Haltung der Anpassung bedarf der Ergebung und der Hingabe. Dabei ist der Anpassung zugestanden, sich im freien Spiel des Probierens zu üben – zwischen Annäherung und Hingabe.

2.12 Hinnahme und Hingabe

Hinzunehmen sind Umstände, die ich nicht beeinflussen kann. Ich mag mich darüber ärgern, zornig sein, in Widerstand gehen – dennoch gibt es Wirklichkeiten, die wir hinnehmen müssen. Den Tod eines Menschen können wir nicht ungeschehen machen. Wir müssen den Verlust hinnehmen, wobei es uns zusteht, das nicht klaglos zu tun. Die Trauer kennt vielerlei, teils widersprüchliche und chaotische Ausdrucksformen, mit denen sie das Hinnehmen aufnimmt. Das Hinnehmen vollzieht sich eher passivisch: Etwas geschieht mit mir und ich muss es annehmen.

Im Unterschied dazu ist die Hin-Gabe ein aktives Geschehen. Indem ich die unabänderliche Wirklichkeit annehme, gebe ich mein Leben in diese Wirklichkeit hinein. Der Tod beansprucht meine Antwort, die ihn als höhere Macht akzeptiert. Es ist eine Haltung des sich Unterstellens unter die Erhabenheit dessen, was sich der menschlichen Beeinflussung entzieht. Die Hingabe ist eine Form der Anerkenntnis, für manche gar der Zustimmung in die Wirklichkeit, die sich als größer erweist.

Wir wissen, dass diese Hingabe in der Regel nicht schnell erfolgen kann. Zu wund kann der Tod einen schlagen, dass allein das Hinnehmen der Wirklichkeit schon wie ein großer Akt der Demut dasteht. Die Hingabe kann in einem Prozess der Anpassung entstehen, als Hingabe in etwas, was das menschliche Sein übersteigt.

Nach einer Trennung fiel große Trauer über eine Frau, die ihr Lebensglück mit ihrem Partner verbunden hatte. Die Trennung hatte sich schleichend abgezeichnet. Immer wieder gab es ihrerseits Anpassungen, weil sie sich ein Leben ohne ihren Partner nicht vorstellen konnte. Alle Anpassungen geschahen aber nicht auf Freiheit hin, sondern in der Mehrung der Gefangenschaft ihrer eigenen Wünsche. Sie war bereit, sich selbst aufzugeben, nur um die Verbindung zu halten. Mehr und mehr gerieten die gemeinschaftlichen Alltäglichkeiten zu einer riesigen Anstrengung. Alles meinte sich unterordnen zu müssen, alle persönlichen Bedürfnisse. Demütigungen eines langen Wartens bei Verabredungen, einer Vernachlässigung, eines Ausgenutztwerdens, gar eines Zusammenseins mit einer anderen Frau an der Seite ihres Partners wurden hingenommen – um eine Beziehung aufrechtzuerhalten, die es gesund länger nicht mehr gab. Das wusste die Frau, wenn sie darüber nachdachte. Wenn sie sich die Konsequenzen vorstellte, zerbröckelte ihre Erkenntnis in ein schmerzend schmachtendes Kindseelchen, das auf keinen Fall verlassen sein will.

Dann vollzog der Partner vermeintlich plötzlich von einem auf den anderen Tag den Bruch. Jeder Versuch, Verständigung zu suchen, sich im Gespräch noch einmal zu erklären, wurde abgeblockt. Auch die mediale Erreichbarkeit wurde unterbrochen. Zurück blieb die gedemütigt verlassene Frau, voller

Wut, aber ohne die Möglichkeit, diese Wut zuzulassen. Sie blieb als unschuldig Verlassene zurück.

Nach einer längeren Zeit der selbstmitleidigen Resignation wuchs sie in die Fähigkeit, diese neue Wirklichkeit hinzunehmen. Es tat ihr immer noch leid, dass es so kommen musste, aber das Selbstmitleid schwand zugunsten einer Annahme dieser Trennung.

Erst Jahre später konnte sie das Ereignis der nicht mehr lebbaren Partnerschaft annehmen. Sie konnte für sich einen Moment festmachen, an dem sie eine deutliche Veränderung ihrer Geisteshaltung verspürte. Sie saß in ihrer Wohnung, dachte über die frühere Beziehung nach, ließ wie in einem Film ihre erste Reaktion wieder in Erinnerung kommen, mit allem Besitzanspruch, mit allem Zwingenden, mit allem moralisierend Bindenden, das sie in die Beziehung und in die Zeit nach dem Bruch eingebracht hatte. Und wie wenn ein entscheidender Augenblick geschenkt wäre: Sie konnte alle Ansprüche aufgeben. Sie nannte es später den Moment der Kapitulation vor ihrem bezwingenden Willen, alles halten zu können. Und wenn sie gelegentlich von diesem Moment spricht, dann schmunzelt sie – es sei ein Geschenk der Befreiung gewesen, in diese Hingabe hineingewachsen zu sein.

2.13 Kapitulation als Eröffnung

In Verlusterfahrungen gibt es vieles, was wir halten wollen. Manchmal sind es materielle Dinge, die für dieses Festhalten stehen. Manchmal sind es Gedanken, in die wir uns einbinden, Vorstellungen, die zu einer Idealisierung führen können – oder auch zu einer heftigen Anklage gegenüber dem Verlorenen. Auch die Trauer um Verlorenes (nicht nur an den Tod Verlorenes) kennt diese Zustände, in denen das eigene Wollen eine ungemeine und besetzende Kraft an den Tag legt. Wie später oft festgestellt wird, stranguliert dieses Bewahrenwollen den Zugang zu neuen Lebensmöglichkeiten. Trauernde können sich festbeißen im Schmerz der Kränkung, die dieser Tod für den Hinterbliebenen bedeutet. Als ob es einen Anspruch am Leben des Anderen gäbe. Aber die Not, die der Verlust eröffnen kann, denkt nicht immer so rational. Die Not geht einher mit der Angst vor der Einsamkeit der Zurückgelassenen – bis hin zur Angst vor der Lebensuntüchtigkeit.

Ein Mann lebte Zeit seines Lebens mit seiner Mutter zusammen. Der Vater war früh gestorben, so dass Mutter und Sohn einander hatten. Das Leben beider war bis hin zur Uhrzeit des Nachhausekommens, der Mahlzeiten, der Nachtruhe und des Aufstehens geregelt. Das gab beiden einen nie hinterfragten Halt. Der Sohn hatte eine kleine Gehbehinderung, für die er sich manchmal schämte. Er suchte keine Beziehung. Die Mutter nahm ihn als ihr Einzigkind an, wie er war. Es gab keinen Gedanken daran, dass diese traute Zweisamkeit jemals gestört, geschweige denn beendet werden könnte. In hohem Alter starb die Mutter. Schon am Tag nach ihrem Tod rebellierte die riesige Lebensangst vor der zu erwartenden Realität des Alleinseins. Plötzlich wandelte sich die Symbiose zum bitteren Vorwurf: »Warum hat meine Mutter mich so an sich gebunden? Warum hat sie verhindert, dass ich eine eigene Familie gründen konnte? Warum hat sie mich so verwöhnt?« Sogar zur Beerdigung wollte er nicht gehen – aus Wut gegen die egozentrische Mutter, die ihn nur für sich haben wollte. Nur gutes Zureden half, den Sohn zur Verabschiedung seiner Mutter zu bewegen.

Danach bestimmte seine Gedankenwelt einzig der Zorn, dass er kein freies Leben habe führen können. Eine ungeahnte Willenskraft explodierte aus dem Mann – Willenskraft im Vorwurf an die Mutter und Willenskraft, die Umwelt verantwortlich zu machen, dass es ihm so schlecht ging.

Er verweigerte die sowieso schon sehr spärlichen sozialen Kontakte. Er fing Streit an mit allen möglichen Behörden, die mit der Abwicklung des Todes seiner Mutter betraut waren. Er wollte mit dem Kopf durch die Wand – obwohl es objektiv betrachtet dazu keinen Anlass gab – was die beklagten Institutionen nur verleitete, ihn umso mehr »rein sachlich« zu bedrängen. Er wähnte sich im Recht und forderte Erfüllung seines Wollens.

Als ein körperlicher Zusammenbruch ihn zur Ruhe zwang, konnte er in eine Kapitulation seines so unrealistischen Wollens hineinwachsen. Er kapitulierte vor der Macht des Todes, die stärker ist als sein Wollen. Er nannte es bewusst Kapitulation, Ergebung in das Stärkere. Er nannte es nicht Resignation.

Die Kapitulation beinhaltet eine freie Einwilligung in das, was unausweichlich, was größer ist. Die Resignation fällt in die Unausweichlichkeit und sieht sich verloren. Die Kapitulation vor dem Wollen, dass die Wirklichkeit anders zu sein habe, als sie ist, ist eine geistliche Haltung der Hingabe vor dem, was größer ist. Die Kapitulation als geistliches Geschehen kann als eine Tür zu größerer Freiheit und zu größerem Vertrauen in die Wirkmacht des Geistes erfahren werden, einer Kraft jenseits der eigenen Willensdurchsetzungskraft. Manchmal gibt es im Rückblick ein Schmunzeln über die Unfreiheit, die vorher das Leben blockieren musste.

Auch in der Trauer gibt es viele Nebenschauplätze, die den Schmerz des Verlustes kanalisieren wollen. Es gibt oft Vorwürfe an die Ärzte und Pflegenden, Vorwürfe an die Pfarrer, die die Beerdigung geleitet haben, Vorwürfe an Verwandte, an Behörden. Oft gibt es gute Gründe der Empörung gegen das Verhalten der Mitmenschen in der Begleitung eines Todesfalles. In unseren Überlegungen hier wendet sich der Blick auf die Auseinandersetzungen, die ganz offensichtlich Nebenschauplätze der Unfassbarkeit der Realität des Todes sind. Es muss doch jemand schuld sein, dass der Tod unvermeidlich war; es muss doch jemand schuld sein, dass meine Trauer nicht zur Ruhe kommt. Es muss doch jemand schuld sein, dass es mir als Hinterbliebenem zunehmend schlechter statt besser geht. Manche Trauernde werden schlecht beraten, strengen gerichtliche Verfahren an, gehen in heftigen Streit mit Behördenvertretern, laufen seelisch Amok, weil die Radikalität des Todes einfach nicht hinnehmbar ist. Die ganze Energie ist auf Durchsetzen der eigenen Wahrnehmung aus. Wie segensreich und den Trauerweg positiv eröffnend kann es sein, wenn diese Gewalt der Abwehr der Wirklichkeit gebrochen werden kann, um das eigentliche Elend zu beweinen: den Verlust eines geliebten Menschen.

Leider gibt es immer wieder Mitmenschen, die in eine solche Gewalt des Verlustes mit einstimmen und dem Trauernden noch mehr Leid zufügen, indem sie ihn drängen, seinen Schmerz an den Beklagten abzuarbeiten.

Selbst wenn objektives Verschulden – etwa bei den Ärzten oder Pflegenden oder bei Behörden – vorliegt, kann das anders geklärt werden, wenn nicht die Gewalt des Verlustschmerzes die Feder der Klage führt.

Ein Mann in den besten Jahren seiner Schaffenskraft erlitt plötzlich und zunehmend Angststörungen. Mit aller Kraft widersetzte er sich dieser Macht – bis der Körper diese anhaltenden Anstrengungen tags und nachts nicht mehr aushalten konnte. Die Folge war das vorübergehende Verlassen seines sehr aktiven und von vielen geschätzten Berufes. Nach einer Zeit der Einkehr und Prüfung ist er zu der Freiheit gelangt, seine gesicherte Stelle samt dem ihn mittragenden öffentlichen Wohlwollen aufzugeben. Er konnte sich dank der stützenden Bereitschaft seines Arbeitgebers auf ein Sabbatjahr zurückziehen. Diese Zeit war aber weiterhin mit Panikattacken belegt, was ihn noch mehr unter Druck setzte, weil er die Überforderung des beruflichen

Alltags als Ursache seiner Störungen angesehen hatte. Er setzte alle verbliebene Energie ein, um irgendwie in den beruflichen Alltag zurückkehren zu können – aber die Attacken hörten nicht auf. Psychotherapeutische Unterstützung half, löste aber nicht das Problem. Er war immer wieder bemüht, den kleinsten Zipfel zu ergreifen, der ihn befähigte, wieder in sein Berufsfeld zurückzukehren. Ideen hatte er viele; aber sobald er aufstehen wollte, um sie wenigstens ansatzweise in die Tat umzusetzen, war es, als habe jemand den Stecker gezogen, den Zugang zu Energie und Kreativität abrupt unterbrochen.

Als dann die körperliche Kraft sich weiter entzog, als er nachsann, wie er mit wenig Rente weiter überleben könnte, konnte er es genau auf eine Situation bündeln: Er saß in dem einen Zimmer, das ihm als Wohnung geblieben war, und beschloss, sein krampfhaftes Mühen um Wiederherstellung des alten Zustands aufzugeben. Im Nachhinein sagt er, dass das der Moment der Kapitulation vor dem eigenen Wollen war. Diese Kapitulation begriff er als ein eindeutiges spirituelles Geschehen, als eine Hingabe in die Kraft des Geistes, die sich als Gegen- und Lebenskraft jenseits des eigenen Wollens erwies.

2.14 Hoffnung

Die Hoffnung sterbe zuletzt, kündet die Weisheit eines Sprichwortes. Dass sie dann doch sterben kann, ist dabei nicht ausgeschlossen. Aber ihr wird eine zähe Kraft zugesprochen, die erst aufzugeben scheint, wenn es kein Fünkchen einer vorstellbaren Hoffnung mehr gibt.

Eine Erkrankte, die die Mitteilung erhält, dass therapeutisch nichts mehr zu machen und sehr absehbar das Lebensende zu erwarten sei, setzt sich bewusst mit dieser Situation auseinander:

»Ich habe ja gewusst, dass ich nicht mehr zu heilen bin. Aber in meiner Vorstellung war das Ende immer ›später‹, nicht jetzt und auch nicht so unmittelbar nahe. Mit der Aussage des Arztes, dass wirklich gar nichts mehr zu machen ist, wird diese Wirklichkeit noch einmal ganz anders. Und obwohl ich die Unausweichlichkeit meines nahen Todes jetzt so unerbittlich gewiss weiß …« (da stockt sie einen Augenblick, um fortzufahren) »… denke ich, dass es doch noch anders kommen könnte.« Die Hoffnung stirbt zuletzt.

Ein Polizist erzählt von der schweren Aufgabe, ab und an Todesnachrichten überbringen zu müssen. Er sei bei aller »Übung in dieser Aufgabe« immer wieder sehr aufgeregt, wenn er solche Nachrichten mitteilen müsse. Anfangs, so sagt er, habe es ihn öfter richtiggehend verwirrt, wenn die Angehörigen seine Mitteilung nicht verstanden zu haben schienen. Manche sind erstarrt und machen erst einmal die Tür zu, andere – und das setze ihm am meisten zu – bitten ihn höflich in die Wohnung und feilschen mit ihm, ob er sich nicht doch getäuscht haben könnte. Wenn er dann das Haus verließe, sei er oft so erschöpft, weil er die Hoffnung auf den Irrtum seiner Nachricht gar nicht einzuordnen verstehe. Es käme vor, dass Angehörige erst dann das letzte Zipfelchen Hoffnung auf Irrtum fallen ließen, wenn sie zur Identifizierung gebeten werden. Da begreife er, wie unausrottbar und so lebensnotwenig selbst das kleinste Fünkchen Hoffnung sei.

Die Hoffnung erweist sich als eine machtvolle Kraft. Vermutlich hängt sie auch mit der Urkraft »Leben« zusammen. Das biologische Programm »Leben« ist auf Erhaltung ausgerichtet, mit aller Macht, bis der Tod es bricht.

Wir erfassen Hoffnung weniger als physiologische als eine spirituelle Größe. Vielleicht wird die Kraft des biologischen Lebens durch die spirituelle Kraft Hoffnung begleitet. Diese Idee kommt, weil es Hoffnung auch da gibt, wo Menschen bewusst auf spirituelle Einbindung ihres Daseins verzichten wollen. Hoffnung wird meist verbunden mit einer Weltanschauung und deren Bildern vom Menschen, von einer tragenden (göttlichen) Schöpfungsmacht und den Vorstellungen einer jenseitigen Sphäre.

Die Hoffnung nährt sich aus dem Vertrauen auf das Leben – einem Vertrauen, das sich aus den Erfahrungen der Menschengemeinschaft ebenso schöpft wie aus den eigenen Erfahrungen. Hoffnung ist da, wo wir etwas erwarten, was im Augenblick der Hoffnung (noch) nicht erfüllt ist. Hoffnung füllt den Raum zwischen dem Jetzt und Noch-nicht. Die Hoffnung ist daher in allen Lebenslagen denkbar: die Hoffnung, dass sich der Fahrplan der Bahn als zuverlässig erweist, die Hoffnung, dass das Kind am Abend heil wieder nach Hause kommt, die Hoffnung, dass ein Termin so ausgeht, wie man sich das wünscht; ... bis zur Hoffnung, dass sich der Glaube bewahrheiten möge nach dem eigenen Tod.

Die Hoffnung ist so ein Teil der Lebendigkeit unseres Lebens, weil sie immer ein Energiefeld aufrechterhält zwischen der Vorstellung, dem Wunsch und der noch zu erfolgenden Erfüllung oder Ent-Täuschung. Daher spielen Lebenserfahrungen (sowohl der Gesellschaft, der Familie, aber auch der eigenen) eine so bedeutende Rolle im Durchleben der Hoffnung. Wo Hoffnungen sehr oft mit Ent-Täuschungen endeten, wird es schwerer sein, immer wieder neu sich auf Hoffnung einzulassen. Wenn aber eine breite Erfahrung von guten Hoffnungen vorliegt, ist die Ermutigung größer, dem Prinzip Hoffnung vorbehaltloser zu trauen.

Trauernde erleben sich in einem Ausnahmezustand, auch was die Hoffnung angeht. Nicht selten sind dem Verlust schwere Zeiten des Ringens um Leben vorausgegangen. Dieses Ringen wird auch mit vielen Hoffnungen und Enttäuschungen verbunden gewesen sein. Dann nach erlittenem Verlust aus der Hoffnung neu leben zu lernen, kann zu einer ungeheuer schweren Herausforderung werden.

Ein Trauender erzählt immer wieder von der großen Anstrengung der Zeit der Krebserkrankung seiner Tochter: »Dieses ständige Auf und Ab! Es fing beim ersten Befund an: Ja, alles nicht zu bagatellisieren, es ist eine bedrohliche Erkrankung, aber es bestehen gute Chancen. Das war Hoffnung, die so viel Kraft freisetzte, sich den Chemotherapien auszusetzen, bei denen man meint, der Leib wird von fremden Mächten rücksichtslos auseinandergebombt. Dann die Bestrahlungen, dann die Operationen. All die Qualen dieser Eingriffe waren vor uns zu rechtfertigen, weil wir die Hoffnung auf Heilung hatten.

Dann kam bald ein Rezidiv. Unsere Hoffnung war blass geworden, viel blasser als zu Beginn der Therapie. Aber auch hier: Wir haben Chancen, sagt der Arzt, es ist ernst, ja, aber nicht hoffnungslos. Wieder diese Verführung, aufgrund der Hoffnung in einen nächsten, zerreißenden Therapiezyklus einzuwilligen.

Und als ein routinemäßiges MRT zeigte, dass der Krebs wie eine Explosion den Körper übernommen habe, da sagte der Arzt, dass es ihm sehr leid tue, aber er könne uns zur Heilung nichts mehr anbieten. Damit war sein Hoffnungsprogrammm beendet.

Unsere Hoffnung war mit einem Schlag erloschen, vergällt durch so viele Enttäuschungen. Sie war unsere einzige Tochter. Sie war auch die Hoffnung der Weitergabe unseres Lebens.«

Die Hoffnung trägt keine Garantie der Erfüllung in sich. Daher ist es wohl richtig, die Hoffnung auch als das zu benennen, was sie ist: ein Element, das in einem Zwischenraum geschieht. Dieser Zwischenraum darf und will gefüllt sein. Illusionen und falsche Versprechungen und Unwahrhaftigkeiten zerstören das Vertrauen in Hoffnungen. Daher bleibt immer abzuwägen, wie

Hoffnung gehalten werden kann trotz widerläufiger Fakten. Manchmal ist schon damit gedient, das Maß der Hoffnung in kleinere Schritte der Annäherung aufzuteilen. Dann wäre das Ziel der Hoffnung nicht die totale Heilung, sondern die Kraft, den nächsten Schritt tun zu können. Die Hoffnung muss durch einen Wirklichkeitsabgleich nicht grundlegend sterben. Wie das Sprichwort vermuten lässt: Ehe die Hoffnung ganz aufgegeben werden muss, erweist sie sich als recht anpassungsfähig in die Gegebenheiten der Wirklichkeit.

Die Hoffnung ist eine spirituelle Gabe, die das biologische Leben mitträgt. So, wie wir Leben weltanschaulich-religiös auch als eine bleibende, einzigartige Schöpfung begreifen können, bleiben Leben und Hoffnung über den Tod hinaus bewahrt – wenn auch »anders«, nicht erfassbar mit einer Sprache, die an Raum und Zeit gebunden ist. Stirbt ein Leben und ist im Nichts aufgelöst, so stirbt auch die Hoffnung. Je nach weltanschaulicher Verortung kann das hingenommen werden, weil Leben so ist, ohne die Hoffnung in Enttäuschung erloschen zu sehen. Sie ist dann den Weg allen endlichen Lebens mitgegangen.

Wir befinden uns als Menschen in der Regel immer auch in dem Spannungsgefüge, dass der Glaube ebenso ein Wagnis des Vertrauens ist. Es gibt weder eine endgültige Widerlegung, aber auch keine unbezweifelbare Sicherheit. So ist auch eine weltanschauliche Einbindung keine Garantie, dass die Hoffnung immer trägt. Es bleibt ein Akt des Vertrauens, sich auf die Hoffnung in Raum und Zeit und in die Ewigkeit einzulassen.

2.15 Jenseitsvorstellungen

Eng verbunden mit der Frage nach der Hoffnung ist für viele eine Vorstellung dessen, was wir Jenseits nennen. Das Jenseits benennt, dass es jenseits einer Grenze eine andere Wirklichkeit gibt (oder geben mag). Die Grenze setzt eine Trennung, wie sie radikaler nicht erfahren wird, denn selbst mit Geld und gutem Willen lässt sich diese Grenze als Erfahrungsraum nicht überschreiten. Vom Jenseits zu sprechen gehört daher in den Bereich der bildhaften Vorstellung. Dadurch, dass sie keinen uns vertrauten Realitätsabgleich leisten kann, ist sie nicht weniger bedeutsam. Sie ist Ausdruck einer Lebensdeutung, von daher auch wiederum weltanschaulich gebunden. Selbst Menschen, die mit ihrem Verstand eine Jenseitsvorstellung grundsätzlich ablehnen, werden ein Bild davon haben – und wenn es das schwarze Nichts wäre. Alle Weltreligionen haben Bilder entwickelt, die diese Vorstellungen nähren. Bedenkenswert ist, dass diese Jenseitsvorstellungen in der Regel nicht losgelöst sind von den Vorstellungen der irdischen Wirklichkeit. Diesseits und Jenseits stehen in einer Beziehung zueinander. Einige werden gleich daran denken, dass das ethisch-moralische Verhalten im Diesseits Auswirkungen auf das Erleben des Jenseits hat. Andere – zum Beispiel in der christlichen Vorstellungswelt – sehen einen Einfluss des geglaubten Jenseits schon in das Diesseits.

Die Evangelien sprechen etwa davon, dass mit Jesus das »Reich Gottes« oder das »Himmelreich« schon nahegekommen sei. Wenn »Reich Gottes« oder »Himmelreich« als Ausdruck der Einheit mit Gott gedacht wird, dann ist das erst im Jenseits vollendete »Reich Gottes« aber in der Art, im Diesseits zu sein, gegenwärtig. Die Vorstellung, dass das Jenseits die – wie auch immer zu denkende – Vollendung in der Gegenwart Gottes bedeutet, wird nach dem Evangelium Jesu schon in der Nachfolge eine erlebbare Ahnung dieser Vollendung. Das Matthäusevangelium zum Beispiel spricht von den Seligpreisungen. Sie verbinden Diesseits und Jenseits. Aus dem jüdischen Lebenskontext des Juden Jesus hat der Neutestamentler Klaus Wengst (2010) die Seligpreisungen nicht als Vertröstung der Zukurzgekommenen ins Jenseits übersetzt, sondern als Handlungsanweisungen, die schon im Diesseits etwas von der beglückenden Gottesverbundenheit erlebbar machen. Demnach heißt es dann: »Zu beglückwünschen sind Menschen, die an der Seite der Bettelarmen stehen, denn ihrer ist das Himmelreich.« Das bedeutet: Wo Menschen sich an die Seite der Bettelarmen stellen, nicht nur gedanklich, sondern auch schon mal in der Wirklichkeit, da machen sie die Erfahrung der Berührung mit der Gegenwart Gottes. Diese Erfahrung jetzt schon, im Diesseits machen zu dürfen, ist nach der Vorstellung des Matthäusevangeliums ein Grund zur Beglückwünschung der Jesus Christus Vertrauenden.

Jenseitsvorstellungen sind also nicht losgelöst von der Diesseitserfahrung. Hinzu kommt, dass wir nur unsere durch Raum und Zeit begrenzten Möglichkeiten haben, unsere Bilder von einem Jenseits zu entwickeln. Auch hier gilt, was oben bereits erwähnt wurde: Wir können über das Jenseits nur in Analogien sprechen: Indem wir sagen, dass wir uns das Jenseits so oder so vorstellen, müssten wir gleich mitsagen, dass wir wissen, dass es gänzlich anders sei.

2.16 Verhaltensmuster als Ausdrucksformen der Spiritualität in der Trauer

Allein die Art, wie wir je persönlich auf Verluste reagieren, geschieht in bestimmten Verhaltensmustern, auch in Riten und Ritualen. Jede und jeder hat angelernte Mechanismen, mit Verlusten umgehen zu können. Es sind Formen, die sich automatisch einzustellen scheinen. Manche legen als Grundton sofort ein schrilles Aufschrecken an den Tag; andere reagieren eindeutig gedämpft und unauffällig. Manche verfallen umgehend in einen Aktionismus, andere in ein stilles Verharren. Manche suchen umgehend einen Grund, zur Not auch einen Schuldigen, während andere sich umgehend in die Wirklichkeit ergeben.

Die Verhaltensmuster sind in der Regel mit der Persönlichkeit und ihrem Charakter verbunden. So wie jemand im normalen Leben zu reagieren gewohnt ist, so tut er es auch in der akuten Erfahrung des Verlustes – seinem grundsätzlichen Verhaltensmuster folgend, auch seiner grundlegenden Haltung folgend. Haltung wird hier eng mit der Persönlichkeitsstruktur verbunden betrachtet.

Daher wohnt unserem Verhaltensmuster auch eine grundtragende Spiritualität inne.

Eine Mitvierzigerin kommt völlig gehetzt in das Krankenhauszimmer, in dem der Großvater verstorben ist. Sie hat davon erfahren und hat sich umgehend auf den Weg gemacht. Als sie das Sterbezimmer betritt, bricht sie in schluchzendes Weinen aus, drängt sich an das Bett des Toten und hört nicht auf, ihn wieder und wieder zu berühren. Keinen Augenblick bleibt sie sprachlos. Während sie auf ihre Weise den Tod des Großvaters für sich begreifbar macht, wendet sie sich immer wieder auch ihrem stumm im Abstand stehenden Mann zu. Was jetzt alles zu regeln sei und ob er daran gedacht und erste Schritte entsprechend genommen habe. Der Mann gibt kleinlaut, kaum hörbar Antworten, die seine Frau überhaupt nicht als solche wahrzunehmen scheint, denn immer wieder schnellen die Worte des Abschiedes zum Verstorbenen und die Nachfragen und Anweisungen an den Ehemann hin und her. Der Mann bleibt ruhig. Er kennt seine Frau und ihre Art, mit Grenzsituationen umzugehen. Die seine ist völlig anders. Er hat es aber gelernt, die unterschiedlichen Charaktere nicht in eins zwingen zu wollen. Die Frau war nicht unecht aufgedreht. Es war ihre Art, sich dem Geschehen anzupassen.

2.17 Riten und Rituale als Ausdrucksformen der Spiritualität

Wir kennen aus den jeweiligen weltanschaulichen Kontexten eingeübte Riten der Verabschiedung und der Trauerbegleitung. Es sind teils über Jahrhunderte hin gewachsene Formen, die eine eigene Standfestigkeit und Kraft ausstrahlen. Manche der Riten sind herausragende Zeichenhandlungen, andere sind vermeintliche kulturelle Gepflogenheiten, deren tieferen Sinn viele gar nicht mehr erkennen. Interessanterweise wirken diese Riten dennoch wie von selbst.

In unserer Zeit hat sich eine eigene Kultur individueller Riten gebildet. Bestattungsunternehmen bieten vielerlei Spielformen an, in denen Trauer ihren Ausdruck finden kann. Zahlreiche Trauerbegleitangebote weisen auf Rituale hin, die Einzelne oder Gruppen vollziehen können, um auf ihrem Trauerweg Markierungen zu setzen.

Auch im Vollzug der verschiedenen rituellen Möglichkeiten entscheiden die Einzelnen, welche Form ihnen hilfreich sein kann. Manchen hilft es, den Sarg zu bemalen, andere schätzen gerade die schlichteste Form. Manche komponieren eine vielgestaltige Verabschiedungsfeier, während andere sehr bewusst sich nur in einen überlieferten Ritus der Verabschiedung eingeben mögen. Welche Form die richtige, die spirituell rechte ist, kann nur je individuell entschieden sein.

Grundsätzlich fällt auf, dass eine wie auch immer geartete Form hilfreich sein kann, um den Weg der Trauer um das Verlorene gehen zu können. Es gibt den Weg auslösende Zeichen ebenso wie die den Weg begleitende und die den Weg abschließende Formen. Auch da gilt der Respekt vor der Individualität der Trauerriten. Selbst innerhalb eines engen sozialen Netzes um ein Verlustereignis können die Riten unterschiedlich bedeutsam sein, auch bis hin in völlig entgegengesetzte Erwartungen. Dann können alte, eher als objektiv wahrgenommene Riten das Verbindende sein.

In Zeiten der schwindenden Bedeutung kulturell-religiös geprägter althergebrachter Riten kann es dann schwer werden, eine geeignete, miteinander befürwortbare Ausdrucksform des Trauerns zu finden.

In einer Notschlafstelle für drogenabhängige Obdachlose kommt der Tod selten vor, aber er geschieht auch da. Die anderen Gäste scheuen in der Regel die Berührung mit dem Tod und suchen, sobald die Kripo es erlaubt, das Weite aus der Einrichtung. Sie wollen dem Tod nicht begegnen. Sie wissen, dass er ihnen in ihrer Erkrankung immer auf den Fersen sitzt. Und sie nennen es wie beiläufig »Schicksal«, wenn jemand aus ihrem Kreis so plötzlich stirbt. Wie weit das eine Form der Verdrängung ist, bleibt hier dahingestellt.

Für die Mitarbeitenden der Notschlafstelle gibt es ein Ritual der Verabschiedung, das sich als für diesen Ort angemessene Form erwiesen hat – bis vielleicht eine andere Form sich ankündigen wird. Im Falle des plötzlichen Todes werden Notarzt und Kripo informiert. Danach werden die verfügbaren Mitarbeitenden angerufen. Wer kann, kommt in die Einrichtung. Man sitzt zusammen, schweigend oder über die Erfahrungen mit dem Verstorbenen sich erzählend. Wenn die Kripo gegangen ist, gehen die Mitarbeitenden in das Zimmer, in dem der Tote liegt. Je nachdem, in welchem würdigen oder nichtwürdigen Zustand die Beamten den Toten hinterlassen haben, wird er erst einmal würdig gebettet. Dann setzen sich die Mitarbeitenden um ihn herum. Es werden die Abschiedsreden aus dem Johannesevangelium vorgelesen. Danach werden die Anwesenden eingeladen, in ihrer Weise ein Zeichen des Abschiedes in der Berührung des Toten zu setzen. Manche zeichnen ihm ein Kreuzzeichen auf die Stirn, andere legen die Hand berührend auf den

Toten, andere halten ihre Hand über den Toten – jede und jeder nach dem, was eigene Ausdrucksform ist.

In diesem Ritual verbindet sich die spirituell aus christlicher Tradition lebende Einrichtung mit den individuellen Formen des Abschiedes.

Riten können da tragend sein, wo sie im Vollzug bekannt sind. Rituale sind Formen, die über das Individuelle hinaus Ausdrucksform eines Gemeinschaftlichen sind. Sie begründen sich in einer weltanschaulichen Grundüberzeugung, die zur Zeit des Entstehens und in deren Weitergabe von der kulturellen bzw. religiösen Gemeinschaft akzeptiert sind. In Zeiten des Schwindens der Bedeutung solcher Traditionen, in Zeiten der Unkenntnis dieser kulturellen und spirituellen Übereinkunft, die sich die Gemeinschaft einmal gegeben hat, können Riten leicht entleert begangen werden. Manchmal entstehen aus diesem Bezugsverlust zu den überkommenen Riten neue, denen mitunter aber merkbar die gemeinschaftsstiftende Kraft eines Rituals fehlt.

In unserer Kultur waren die religiös begründeten Riten die stille Übereinkunft, wie zum Beispiel Tote zu beerdigen waren. Die Strenge der Form, die Unerschütterlichkeit der Überlieferung waren über Zeiten hin gültige Ausdrucksformen der Ergebenheit in das viel Größere – in die unbeeinflussbare Macht des Todes. Da war klar, in welcher Kleidung Menschen Abschied nahmen. Da war geregelt, wer das Ritual begleitete (in der Regel ein Geistlicher), da waren Gebete und Texte der Heiligen Schrift von einer Strenge, dass die Übermacht des Objektiven der individuellen Not der Trauer kaum Raum gab. Da waren Trauer und Ritual gesellschaftlich-kulturell getragen, weniger individuell ausgeprägt.

Inzwischen hat sich das gesellschaftliche Gefüge mehr und mehr individualisiert, was unserem Lebensgefühl näher kommt als das Zurücktreten in allgemein gemeinschaftliche

Belange. Kulturgeschichtlich hat es immer die Pendelausschläge zur Betonung des Individuellen vor dem Gemeinschaftlichen und des Gemeinschaftlichen vor dem Individuellen gegeben. Immer, wenn Extreme erreicht sind, werden Tendenzen zur Gegenbewegung spürbar. Das Leben scheint sich immer in der Bewegung zwischen den Möglichkeiten zu bewegen. Auch das gilt es als Geschehen zu respektieren. Wir werden uns meist als Kinder der jeweiligen Bewegung verorten – ehe wir spüren, dass ein Extrem allein keine Lebensgrundlage bieten kann.

Diesen Bewegungen folgen auch unsere Vorstellungen von den die Trauer mittragenden Riten. Mal steht der Wunsch nach sehr individueller Gestaltung im Vordergrund, dann wieder die Sehnsucht, weniger mit vielfältigen Beiträgen und Aktionen belästigt zu sein. Dann ist es wohltuend, sich in einen objektiven Ritus einzubinden. Nicht die oder der Einzelne muss die ganze Last der Trauer gestalten. Im strengen Ritus werden wir einbezogen in etwas, was jenseits des Individuellen mitträgt. Hier zeigen sich auch unterschiedliche Ausdrucksformen der jeweiligen Spiritualität. Das Individuelle betont die Ausdrucksform der persönlichen Geisthaltungen, das Gemeinschaftliche bindet sich eher an das, was sich menschlicher Beeinflussbarkeit entzieht.

In einer Trauerfeier einer hochbetagt gestorbenen Frau erhielten alle beim Betreten der Trauerhalle ein Blatt Papier und einen Filzstift. Mehrere Familienangehörige gingen flink zwischen den Trauergästen einher, weil sie Regieanweisungen gaben, die nicht auf Anhieb von allen verstanden wurden. Dann wurde vom Band Musik eingespielt, ein Mundartstück, das verkündet, dass man niemals so ganz geht. Das sollte trösten. Dann trat ein Pfarrer auf in üblicher Amtskleidung. Sein Erscheinen wirkte schon wie eine für das anstehende Stück fremd wirkende Figur. Die Tochter der Verstorbenen gab die Anleitung, man möge auf den mitgegebenen Zettel seine persönlichen Abschiedsworte an die Verstorbene richten. Während dies von den Mitfeiernden ausgeführt wurde, spielte Musik. Dann sprach der Pfarrer. Er las einen Text aus der Bibel vor. Der sollte trösten. Dazu war kaum Zeit, denn nun folgte das Ritual, diese auf den Zettel geschriebenen Wünsche in einer großen Tonschale zu verbrennen: »Was wir der Toten ganz persönlich mitgeben wollen, das möge wie Rauch gen Himmel ziehen.« Während dieses Brandopfers spielte Musik vom Band. Danach redete der Pfarrer – in Inhalt und Sprache so fremd, obwohl er sich bemühte, möglichst viel von der Verstorbenen (die er nicht gekannt hatte) zu erzählen. Dann wieder Musik – das Lieblingslied der Verstorbenen aus einer Oper. Zum Schluss sprach noch einmal der Pfarrer. Die Gemeinde machte einen erschöpften Eindruck. Die Regie führende Tochter forderte schließlich auf, sich dem Trauerzug anzuschließen. Sie trug tapfer-würdig die Urne ihrer Mutter voran. Am Grab sprach noch einmal der Pfarrer seine Gebete. Dann warfen alle Rosenblätter in das Grab und verabschiedeten sich, nicht ohne die Tochter und anderen Kinder der Verstorbenen neben dem Grab herzlich zu umarmen. So fremd es dem einen erschienen sein mag, war diese Form für andere doch tröstend, tragend und angemessen.

Gleiche Ungleichzeitigkeit ist zu erleben in einer bewusst schlicht und ruhig gehaltenen, allein vom überlieferten Ritus getragenen Verabschiedung. Die einen werden die grundlegende Fremdheit während der ganzen Feier nicht los, während die anderen gerade in dieser Verobjektivierung sich getröstet wissen, weil gerade die im Ritus gegenwärtig gesetzte höhere Macht Garant ihrer bleibenden Hoffnung ist, bleibend über den Tod hinaus.

Es wird eine bleibende Suchbewegung sein, der individuellen und der gemeinschaftlichen Spiritualität Ausdruck zu verleihen in Riten und Ritualen. Manchmal gelingen Mischformen, weil sowohl das Individuelle als auch das Überkommene in ihren

Vollzügen bekannt und bejaht sind. Die Wandlung im Verständnis der unterschiedlichen Riten ist auch Ausdruck einer Wandlung der Spiritualität. Eine nur noch sich individualisierende Spiritualität wird es schwer haben, etwas die Gemeinschaft Verbindendes zu finden, weil das Gemeinschaftliche wiederum das Individuelle an zweite Stelle setzen wird. Wo der Vollzug der überlieferten Riten in seinen Spielregeln nicht mehr bekannt ist, verliert er seine tragende Geisteskraft. Nicht so leicht fällt die Entscheidung, was zu tun ist, um diese Spielregeln wieder zu erlernen. Denn es wird bewusst, dass die Riten und die Regeln, an denen sie verlässlich erkennbar sein sollen, den Wandel in der Weltauffassung, den Wandel in der Spiritualität anzeigen. Wo die alten Riten nicht mehr tragen, heißt das aber noch lange nicht, dass die Spiritualität, die Geisthaltung, grundlegend verloren ist. Es wird sich im geschichtlichen Verlauf erweisen, wie eine gewandelte Spiritualität sowohl individuell wie gemeinschaftlich angenommene Riten hervorbringen wird. Da müssen wir auch manche Probiersituation mit durchtragen, bis sich geeignete Formen herausstellen.

Ein Pfarrer hat die schwindende Kraft der alten Riten einer Kirchengemeinschaft wahrgenommen. Er wird einerseits gebeten, der Verabschiedungsfeier vorzustehen und die überlieferten Formen zu verwenden. Andererseits ist der Wunsch nach Individualität der Feier ausgesprochen. Der Verstorbene möge in seiner Einzigkeit gewürdigt sein, gleichzeitig möge der Ritus der Kirche in seiner festen Form tragen. Dass auch eine Deutung des Sterbens und Trauerns aus der Sicht der Glaubensgemeinschaft (die nicht selten schon als fremd, als ein Gegenüber wahrgenommen wird) vorkommen soll, wird nicht ausdrücklich erfragt, aber nach Erwähnung des Pfarrers auch nicht abgelehnt. Um das Individuelle und das aus der Glaubensgemeinschaft Getragene zusammenzubringen, ermutigt der Pfarrer die Angehörigen, dass einer aus ihren Reihen eine persönliche Würdigung über den Verstorbenen spricht. Danach werden alle Anwesenden eingeladen, in ihrem persönlichen Gedenken eine Kerze in der Nähe des Sarges bzw. der Urne aufzustellen. Der persönliche Gang der Einzelnen zum Verstorbenen wird als sehr persönliches Einbeziehen begriffen – in Form eines uralten Rituals, das des Kerzenaufstellens, das sogar den Schatz der Riten einer einzelnen Konfession übersteigt.

2.18 Trauer als gelebte Spiritualität

Trauer ist ein mitgehendes Gefühl, um Verluste begreifbar und durchlebbar zu machen. Trauer steht Pate in vielerlei Formen des Verlustes. Trauer hat unterschiedliche Intensität – je nach Schwere des Verlustes. Verlusterfahrung löst individuell ganz unterschiedliche Empfindungen aus. Ein Kind, dem die Lieblingspuppe in den schnell strömenden Bach gefallen ist, trauert anders als ein Erwachsener, dem durch Unachtsamkeit ein spannendes Buch ins Meer gefallen ist. Ein Mensch, der seine Arbeit verloren hat und bald wieder unterkommen wird, trauert anders als der, der nach Jahren überflüssig wird und aus der Firma freigestellt wird – ohne Aussicht, bald wieder angestellt zu sein. Ein Mensch, der ein Bein verloren hat, trauert anders als der, dem ein künstliches Gelenk eingepflanzt wurde. Der Tod eines hochbetagten Menschen hinterlässt eine andere Trauer als die um ein verstorbenes Kind.

Es gibt keine Wertung, welche Trauer richtiger oder berechtigter in ihrer Intensität ist. Auch das bleibt ganz individuell. Es kann sein, dass eine Tochter dramatisch um den Tod ihres hochbetagten Vaters trauert, mehr und unversöhnlicher als Eltern um ihr nach schwerer Krankheit gestorbenes Kind. Wer dürfte sich anmaßen, die ganz persönliche Verlusterfahrung zu bewerten? Im allgemeinen Verständnis von Schwere eines Verlustes mag es Vorstellungen einer Abstufung geben. Im individuellen Erleben steht es niemandem von außen zu, die erlebte Schwere der Trauer infrage zu stellen.

Im Durchleben dieses Prozesses der Anpassung an das Verlusterleben, in der Trauer, sehen wir die Spiritualität als immer mitgehend. Spiritualität ist hier jene oben beschriebene Trägersubstanz der Haltung im Trauergeschehen. Spiritualität offenbart sich in verschiedenen Formen – als Haltung in der Weise des Durchlebens, als weltanschaulicher Deutungsrahmen und als Hilfe, in Riten und Ritualen dem Trauererleben Ausdruck zu verleihen.

2.19 Trauer nach Trennung – und die spirituelle Frage

Auch Trennung nach womöglich langer Beziehung löst eine Trauer aus – denkbar mit allen Symptomen, die Verluste hervorrufen können. Die Trauer ist Patin des Lebenlernens mit dem Verlust. Nicht selten mischen sich unterschiedlichste Empfindungen in Trennungsprozesse ein: Vorwürfe, Abrechnungen, Rache, Selbstmitleid, Verzweiflung, Selbstzerstörung, Abwertung, aber auch knallharte rechtliche Auseinandersetzungen. Es ist nicht ungewöhnlich, dass in solchen Rosenkriegen Betroffene innehalten und verzweifelt suchen, ob denn die Liebe schon immer brüchig gewesen sei oder wie sie hat bröckeln können und ob dann all das vernichtet ist, was es einmal an Gefühl und Liebe füreinander gegeben hat.

Dann bilden sich im Verwandten-, Bekannten- und Freundeskreis Parteiungen, die oft die jeweilige Stimmungslage anheizen. Und dann bleibt in stillen Stunden die/der Betroffene armselig zurück. Die Trauer erfasst sie/ihn, weil mit der Trennung wiederum etwas zerbrochen ist, was dem Leben einmal so viel Zuversicht gegeben hat.

Hier ist neben denkbarer rechtlicher und alltagsstabilisierender Begleitung auch die spirituelle Dimension mit zu bedenken. Im Einzelfall wird man feststellen, ob diese Fragestellung gewünscht ist. Meist sind diese Brüche im Leben auch Anfragen an die Verankerung des Lebens. Die Frage nach dem Bestand der Liebe gehört ebenso dazu wie die Notwendigkeit, sich auf einen Prozess neuer Lebensverortung einzulassen. Die mitgehenden Gefühle wie Verzweiflung, Selbstmitleid, Verlassenheit, Rache und Wut haben spirituelle Wurzeln. Sie fragen nach dem Leben, nach dem mir zustehenden Anspruch auf Glück, nach der Verlässlichkeit der Liebe und nach der Erkenntnis, nicht die Trägerin/der Träger des Lebens selbst zu sein. Gerade in Trennungsprozessen braucht es lange Zeit, um das emotionale Rundumschlagen aus Enttäuschung und Kränkung hintanstellen zu können, um sich neuen Lebensmöglichkeiten zu öffnen. Dann wird irgendwann klar, dass an Trennungen meist beide Seiten beteiligt sind. Dann lösen sich Idealisierungen auf. Dann lockern sich Besitzansprüche an einen Menschen. Dann kann vielleicht gar die Idealisierung der Liebe mit einem gewissen Lächeln zur Kenntnis genommen werden. Dann eröffnet sich statt des nachhaltigen Vorwerfens und Einforderns jene Lösung, die einen neuen Lebensabschnitt eröffnen kann. Dieser Prozess ist ein spirituelles Geschehen.

Die liebevolle Begleitung in einem solchen Trennungsgeschehen wird die verschiedenen Gefühlsebenen mit durchleben, aber dabei im Blick halten, dass es irgendwann einen realistischeren, abgeklärteren, lösenderen, vielleicht gar selbsthumorigen Anteil in der Trennung geben kann. Diese denkbare Perspektive einer heilenden Trennung will auf keinen Fall bagatellisieren, was an furchtbarem Verlusterleben die Betroffenen ins kaum aushaltbare Chaos stürzen kann. Der spirituelle Anteil kann vielleicht erst nach einem auch über Jahre gehenden Prozess zum Tragen kommen. Die Begleitenden können diese Möglichkeit im Blick halten, ohne die Betroffenen mitten im Schmerz der Trennung mit dieser Zielperspektive aufzubringen.

Nach einer Zeit langer Beziehung trennt sich ein Paar. Die Erwartungen aneinander haben sich auseinander gelebt, sagen sie. Der Mann ist völlig überrascht, dass seine Frau sich ab sofort zurückzieht, die gemeinsame Wohnung verlässt. Die erwachsenen Kinder leben weit entfernt mit ihren eigenen Familien. Das sich trennende Ehepaar kann nicht mehr nüchtern miteinander reden. Entweder überschütten sie sich mit Vorwürfen oder der Mann bricht in Tränen aus und reklamiert die einmal gegebene Zusage der Liebe. Als er merkt, dass er seine Frau nicht mehr erreichen kann – sie steht meist schweigend im Abstand zu ihm da, bringt keine erklärenden Argumente mehr, sondern wiederholt, dass es nun aus sei – droht er ihr mit rechtlichen und finanziellen Konsequenzen, die ihr noch leid täten. Aber auch da reagiert sie wortkarg, dass sie bereit sei, auf alles zu verzichten. Dann bekniet er sie, ihn nicht zu verlassen, beklagt seine Unselbstständigkeit, wenn sie nicht mehr da sei. Er droht, sich das Leben zu nehmen. Alles hilft ihm nicht. Die Frau verlässt das Haus. Dass sie sich einem anderen Mann anschließt, spitzt die Kränkung des Ehemannes zu.

Die Familie, der Freundes- und Bekanntenkreis reagieren verunsichert. Manche ziehen sich zurück, manche werden zur Partei für oder gegen Mann und Frau. Wenige können Kontakt mit beiden halten. Der gekränkte Mann fordert Loyalität ein, was die zu ihm Haltenden noch mehr reduziert. Er verfällt in Selbstmitleid und entwickelt viele Ausdrucksformen einer heftigen Trauer. In dieser Ausweglosigkeit wendet er sich an einen Trauerbegleiter, der mit ihm über mehrere Monate geht. Über die Zeit werden die gegensätzlichsten Gefühle ausgelebt, für den Begleitenden manchmal kaum aushaltbar. Der Mann entwürdigt sich in seiner Winseligkeit und zugleich in seiner Arroganz, der Frau mit allen materiellen und gesellschaftlichen Konsequenzen Schaden zuzufügen.

Erst als diese Wut der Zurücksetzung sich ausgelaugt hat, ist es möglich, den Mann zur Besinnung zu öffnen. Diese Besinnung beginnt ganz zögerlich nach dem Sinn zu fragen – nach dem Sinn dessen, was ihm an seinem Leben kostbar ist; nach dem Sinn von Beziehung; nach dem Sinn von Freiheit; von Liebe; nach dem Sinn angesichts der Zerbrechlichkeit all dessen, was zum Leben gehört; und schließlich nach dem Sinn all dessen, womit er seine Kränkung an der Frau ausgetobt hat.

Nach mehr als zwei Jahren einer immer lockerer werdenden Begleitung kann der Mann einmal mit einer Prise Selbstironie zurückschauen auf das, was er – wie er es nennt – »für ein Theater« angefangen habe. Und jenseits des ironisierenden Untertons sagt er, dass er sich, aber vor allem seiner Frau viel zugemutet habe.

Er meidet weiterhin jeden Kontakt. Soweit sei er nicht, sagte er dann mit etwas Schmerz in seiner Stimme. Aber er hat für sich anzunehmen gelernt, dass die Trauer um den Verlust für ihn ein Aufruf einer neuen Lebensdeutung geworden ist. Der stellt er sich anhaltend. Er erkennt dieses Reifen als einen spirituellen Prozess des Werdens seiner Persönlichkeit.

3 Spiritualität und Trauerbegleitung

3.1 Vom passenden Wort der Begleitung

Die Sprache eröffnet Gefühle. Es geht dann nicht allein um ein eröffnetes Gefühl, sondern auch um die Haltung, die sich darin zu erkennen gibt. Wir hören Formulierungen wie »mit Trauernden umgehen« oder »Trauernde begleiten« oder »Trauernden beistehen« oder »mit Trauernden gehen«. Keine dieser Aussprüche sind verwerflich. Sie sind dennoch recht differenziert wahrzunehmen. Letztlich rufen sie zu einer Haltung auf, mit der die Begleitung stattfindet.

Die meisten Begriffe nehmen auf, was ja tatsächlich stimmt: Jemand stellt sich zur Verfügung, um einem Trauernden beizustehen. Oder: Jemand unterweist andere, wie man am besten und angemessensten mit Trauernden umgeht. Jedes Mal wird allein im Sprachgebrauch ein Gefälle ausgesprochen: Der eine ist der Bedürftige, der andere der Helfende; der eine ist der Schwache, der andere der Starke; der eine steht oben, der andere unten.

Tatsächlich treffen die Beschreibungen in den meisten Fällen zu. Die Trauernden befinden sich strukturell in einer geschwächteren Lage als die Begleitenden. Gerade weil das so ist, kommt der Haltung der Begegnung eine umso größere

Bedeutung zu – wenn es denn ein bewusst spirituelles Geschehen sein will, das sich dem Trauernden zur Seite stellt.

3.2 Für andere – Nicht mein Wille geschehe

Wir nehmen es als Selbstverständlichkeit an, dass die Rolle des Mitgehenden nie die Übertragung des eigenen Willens oder der eigenen Vorstellungen ist, sondern immer die zu Begleitenden im Blick hat. In der Begleitung Beheimatete wissen, wie schnell aus dem absichtslosen Mitgehen doch ein Raten, ein Ratenwollen, ein drängendes Hinweisen werden kann. Darum ist es eine Selbstverpflichtung, sich immer wieder zu vergewissern, dass ich als Begleitende Räume eröffnen kann, die aber nicht meine Räume, sondern die des Anderen sind. Darin kann nach Rat gefragt werden, aber den Ausschlag gibt die zu Begleitende. Und wenn von dort keine Vorstellung da ist, die Begleitende aber einen Impuls hat, der vielleicht weiterhelfen könnte, dann ist auch hier der feine Haltungsunterschied zu beachten: Biete ich meinen Impuls an oder werfe ich ihn ein? Die Gestaltende bleibt die zu Begleitende. Es liegt an den Begleitenden, diese feinen Abstimmungen der Haltung in sich wach zu halten. Dass das gelegentlich im Eifer des Mitgehens aus den Begleitenden herausruft, ist die Erfahrung vieler. Aber auch daran können wir reifen.

Eine Trauerbegleiterin ist geduldig über Wochen mit einer Mutter gegangen, die um ihren an Krebs mit dreißig Jahren erkrankten und verstorbenen Sohn trauerte. Die Trauernde hielt auch das Zimmer des Sohnes als ein Heiligtum, das nur zu bestimmten Zeiten und nur von ihr allein betreten werden durfte. Selbstverständlich durfte nichts, wirklich gar nichts in dem Zimmer verändert werden. Auch die Begleiterin durfte nicht in das Zimmer gehen. Die Mutter beklagte diesen Tod in tiefer Verzweiflung. Die Begleiterin war über Wochen geduldige Mitgeherin. Bei einem Treffen hatte sie schon auf dem Weg zur Trauernden den Impuls, die Barriere durchbrechen zu müssen, damit Bewegung in die Trauer käme. Das hatte sie in der Ausbildung gelernt, dass eine in sich versteinerte Trauer auf Dauer nicht gut tut. Mit diesem Entschluss wappnete sie sich, um mit eigener Kraft der zu schwachen Trauernden diesen Durchbruch zu ermöglichen. Gleich beim Empfang in der Wohnung, noch im Flur stehend, packt sie die Trauernde am Arm, zerrte sie zur Tür des Zimmers des Verstorbenen und sagte: »Jetzt müssen wir den Schritt wagen! Wir gehen jetzt zusammen in das Zimmer! Ich bin bei Ihnen!«

Die Trauernde hatte keine Kraft zum Widerstand. Sie ließ sich in das Zimmer zerren, blieb an der Schwelle stehen und versteinerte noch mehr. Es kam zu keiner weiteren Begegnung.

Die Begleitende tat sich sehr schwer, diese Ablehnung anzunehmen. In einer Supervision brachte sie ihr Erlebnis ein. Erst in der Supervision wurde ihr bewusst, dass sie zwar einen guten Gedanken hatte – nämlich die Versteinerung nicht verfestigen zu wollen –, aber überhaupt nicht auf das Tempo der Trauernden geachtet hatte. Sie hatte übersehen, dass sie ausschließlich im Dienst des Prozesses der Trauernden stand. Sie hätte fragen können, ob es jetzt oder irgendwann hilfreich sein könnte, wenn sie der Trauernden Beistand leistete, um mit anderen in das Zimmer gehen zu können. Die Trauernde hätte ihr gesagt, ob es jetzt ginge oder ob sie Unterstützung bräuchte und wenn ja, welche. Die Begleitende kann ein Konzept ihrer Begleitung entwickeln. Das bedarf aber immer des Abgleichs mit der, in deren Dienst sie sich gestellt hat.

Motor der Ratschläge ist ab und an die Unaushaltbarkeit, einen Menschen in ungelöster Notlage zu sehen, obwohl eine Lösung eigentlich so greifbar nahe sein könnte. Der Wunsch nach

Lösung wird auch in den Trauernden wach sein. Aber – wie schon öfter erwähnt – ist die Trauer auch ein Wachstums- und Reifungsprozess, der seine eigene Geschwindigkeit hat. Die Begleitenden sind Mitaushaltende im Ungelösten/Unerlösten und sie schaffen Raum, dass etwas reifen kann. Manchmal sehen sie Brücken, die weiterführen könnten. Sie sind nicht selbst der Steg. Sie sind die Hinweisenden. Gehen wird und muss die Trauernde selbst. Begleitende sind Mit-Gehende.

3.3 Leiden und bei-leiden

Das Wort vom Beileid-Aussprechen ist für viele ein Füllwort für die Unbeholfenheit geworden, einem Anderen das Mitempfinden zu seinem Verlust auszudrücken. Die Geisthaltung des Bei-Leidens spricht etwas aus, was die Begleitung bedeutet: Ein Begleitender steht zur Seite, ohne selbst weder das Leiden des Anderen zu sein noch dessen Leiden zu seinem zu machen. Eine heilsame Distanz liegt dazwischen. Aufgabe des Bei-Leidens ist es, an der Seite des Trauernden auszuharren und mitzugehen, wo es sich anbieten könnte und dann auch gewünscht ist. Immer bedarf es des (meist unausgesprochenen) Kontaktes für eine Vereinbarung, was an Begleitung gewünscht ist. Das Bei-Leiden ist eine der Haltungen, die diesen Prozess des Trauerns mitgeht.

3.4 Umgehen und mitgehen

Der Begriff des Umgehens mit Trauernden ist ein distanzierter Begriff, der missverständlich werden kann – als wäre das Gegenüber wie ein Nichtnormfall, mit dem man lernen muss, gut und angemessen umzugehen – zum Schutz des Bedürftigen und zum eigenen Schutz. Ähnlich wie bei Bei-Leiden ist der Begriff des Mitgehens eröffnender. Auch da geht es nicht um Distanzlosigkeit, sondern um die Bereitschaft, an der Seite eines Trauernden mitzugehen – die gewünschte Strecke und im gewünschten Tempo des Trauernden.

3.5 Begleiten und begegnen

Wie selbstverständlich sprechen wir von Trauerbegleitung. Daran ist auch nichts Falsches. Es wird ins Wort gebracht, was ja auch stimmt: Ein Mensch soll nicht allein und ungeschützt einen so schwierigen wie den Trauerweg gehen. Darin soll er begleitet werden – sinnigerweise von jemandem, der selbst nicht in einem solchen Weg gebunden ist. Dass ein Blinder einen Blinden führt, ist nicht die erste Wahl.

Um die eigene Haltung der Begleitung zu schärfen, sei dennoch die sprachlich feinsinnige Unterscheidung gewagt: Statt Begleitung steht die Haltung der Begegnung. In der Auswirkung ist es eine Begleitung, ein Mitgehen, ein Beileiden; die Begegnung hingegen unterstreicht die Haltung, dass ich als Mitgehender nicht der erhaben Wissendere bin. Selbst wenn es sachlich stimmt, dass ich im Moment der Mensch mit dem unaufgeregteren Überblick und dem Wissen um das normale Chaos der Trauer bin, selbst wenn dies auch im Begegnen berechtigt ist, so ist das Wort der Begegnung in der menschlichen Ebene Ausdruck einer Gleichheit als Menschen. Hier wird eine spirituelle Grundhaltung in der Begegnung mit Menschen beschrieben. Im Begegnen nehmen zwei Menschen den gemeinsamen Weg auf – in der Solidarität des Menschseins, im Wissen um die grundlegende Gleichheit, die alle als Menschen verbindet. Die dann wahrzunehmenden Dienste sind unterschiedlich und kommen der Haltung der Begegnung mit dem Trauernden zugute.

3.6 Dienstleisten und dienen

Selbst in professioneller Trauerbegleitung sind wir von Trauernden in Dienst genommen. Es ist eine Frage der Haltung in der Begegnung, ob ich mein Mitgehen als Dienstleistung oder Dienst verstehe. Eine Dienstleistung ist ein Geschäft, eine Abmachung von Anforderung, Dienstleistung und Entlohnung. Kein Zweifel, dass auch da die Begegnung geschieht, dass auch da die Begleitung kein mechanisches Geschehen ist. Wenn nach spiritueller Haltung im Mitgehen auf dem Weg der Trauer gefragt ist, dann tritt in die Dienstleistung die Haltung des Dienens ein. Strukturell ist der Trauerbegleiter der professionell Aufgestellte, jener, der um seiner Kompetenz willen angefragt worden ist. Dafür wird er in der Regel entlohnt. Die Begegnung in struktureller Ungleichheit zwischen Bedürftigem und Dienstleistendem wird zu einem spirituellen Geschehen, indem der Trauerbegleitende sich in den Dienst genommen sieht. Bei aller Ungleichheit in der Funktion ist das Verbindende das Wissen um das Menschsein.

3.7 Unterstützen und stärken

Selbstverständlich wollen wir im Mitgehen durch die Trauer die Trauernden unterstützen. Wir bieten unsere Zeit, unsere Kenntnis, unsere Kontakte an, um einem Menschen in diesem Prozess eine wirkliche Stütze zu sein. Immer wieder wird gerade das als so hilfreich benannt, dass jemand mit alldem ihm Fremden in der Trauer nicht allein ist, sondern unterstützt wird. Unterstützung reicht von seelischem Beistand über dienliche Informationen bis hin zur Bereitung einer Mahlzeit. Unterstützen ist ein sehr hilfreiches Tun zugunsten dessen, der sich in einer als Ausnahmezustand benannten Situation befindet.

Die spirituelle Haltung, die aus diesem Dienst spricht, heißt: Stärkung. Wieder ist die Perspektive um eine bedeutsame Nuance verschoben: Wenn ich unterstütze, bin ich der Stärkere (was ich funktional und strukturell tatsächlich auch bin); wenn ich meinen Dienst aber als Stärkung verstehe, sitze ich in meinem Menschsein auf einer Ebene mit dem Anderen. Ich habe dann gerade das Glück, selbst der Stärkere sein zu können, aber ich stelle meine Stärke bewusst als Stärkung dem Anderen zu Diensten. Es ist ein sprachlich kleiner Unterschied, der vielleicht gerade die Haltung bekräftigt, die zur Unterstützung werden kann.

3.8 Nicht fürchten – ehrfürchten

Was fürchten meint, das wissen wir. Etwas begegnet uns fremd oder bedrohlich, ist schwer einzuschätzen, ruft eine besondere selbstschützende Wachsamkeit hervor. Als ob wir uns retten müssten vor dem, was uns schadet. Auch in der Begleitung Trauernder kommen wir in Situationen und begegnen wir Menschen und ihrem Schicksal, die uns das Fürchten lehren – nicht, weil die Trauernden das in uns auslösen wollten; es ist wie ein Reflex, der vor der Überbordung mit Leiden uns zurückhalten will vor zu viel Einlassen und Nähe. Da ist die Furcht ein hilfreicher Warner vor einem Zuviel.

Das Verb »ehrfürchten« gebrauchen wir gewöhnlich nicht. Es sei hier bewusst gesetzt, denn als Verb trägt es die Vorstellung einer andauernden Handlung und Haltung mit. Es ist eine demütige Haltung vor dem, was uns ansonsten Furcht machen kann. Ehrfürchten müssen wir nicht vor realen Gefahren. Da ruft die Furcht zum Selbsterhalt. Ehrfürchten ist da angemessen, wo wir Menschen in ihrer Furcht begegnen. Viele Trauernde leben in der Verunsicherung des Verlustes in einer grundlegenden Furcht vor dem, was unvorhersehbar kommen könnte. Da bedeutet das Ehrfürchten, dass wir der Trauernden die Ehre in ihrer Furcht geben. Wir würdigen, was dem Menschen gegenüber Schmerz und Furcht ist.

Ehrfürchten ist auch da eine angemessene Haltung, wo wir selbst erschrecken vor dem, was uns als Schicksal des Verlustdurchlebens begegnet, was uns selbst Furcht bereitet. Auch diese Resonanz in uns ist der Ehre wert.

Ebenso verbindet das Ehrfürchten die Trauernde und die Mitgehende. Auf dass wir einander die Ehre geben, Menschen der Furcht zu sein, die wir als Menschen tragen, in Solidarität, zur Gemeinschaft der Menschheit gehörend.

Wie die Toten, so gehen auch die Trauernden uns oft »nur« voran. Die Ehrfurcht lässt in angemessener Demut denen begegnen, denen wir uns wohl möglich durch ein gerade unbelasteteres Leben überlegen fühlen könnten.

Eine Seelsorgerin wurde in eine Familie gerufen, in der die Ehefrau und Mutter mit nur 33 Jahren kurz nach der Geburt ihres zweiten Kindes verstorben war. Sie war voller Furcht vor dem, was sie dort erwartete, ob sie den Menschen dort gerecht werden könnte. Diese Furcht (und Angst) trieb sie an, den Besuch nicht vor sich herzuschieben, sondern sich sogleich aufzumachen. Unterwegs malte sie sich Bilder aus, wie sie die Wohnung beträte, wie sie den Ehemann und die beiden kleinen Kinder und vielleicht nahe Angehörige anträfe. Als sie geschellt hatte, kam der Ehemann, öffnete ihr und führte sie stumm in das Wohnzimmer, in dem die Verstorbene lag, umringt von ihren Eltern, einem Bruder und den Eltern des Mannes. Das verdichtete Schweigen, die Starre der Gesichter, der in der Ecke spielende erste Sohn füllten die Luft mit unendlichem Schmerz und wortentleerter Furcht. Das erreichte die Seelsorgerin. In ihr war tiefes Mitempfinden und eine tiefe Verneigung vor dem Schmerz, der im Raume lag.

Ehrfurcht ergriff sie vor diesen Momenten der schweigenden Begegnung.

In ihr schwang die Angst mit, dass die Verstorbene gerade ein Jahr jünger war als sie selbst.

Später, als Worte möglich waren, kam die Furcht vor alldem zum Ausdruck, was in diesem Augenblick überhaupt nicht übersehbar war. Was Menschen da an Schicksal annehmen müssen, das bewirkte respektvolle Ehrfurcht. Nicht als Momentaufnahme, sondern als andauernde Haltung in der Begegnung mit dieser Familie.

Es ist ein Segen, dass/wenn die Begleitenden über Kompetenzen verfügen, die in einem Mitgehen eingebracht werden können. Dazu gehören geistliche Haltungen wie das Beileiden, das Dienen, das Bewahren, das Ergänzen, die Empathie und das Mitgefühl, die Liebe ..., aber auch Sachkenntnisse über das, was im Prozess einer Trauer geschieht. Zu alldem gehört die Ehrfurcht vor dem, was den trauernden Menschen ausmacht. Er offenbart sich in einer Intimität der Zerbrechlichkeit, die auf ehrliche Ehrfurcht, auf Respekt angewiesen ist. Ziel ist es, den Menschen mit seinem Leben zu bewahren, nicht ihn zu bearbeiten, nicht mechanistisch zu behandeln. Die Ehrfurcht drängt sich auf und will im Laufe des Mitgehens auch wachsen und reifen. Die Ehrfurcht erkennt die ungeheure Leistung, die ein Trauernder körperlich und spirituell erbringen muss, um den Verlust in seine Persönlichkeit zu integrieren. Nicht ohne Grund hat sich ein Begriff wie »Trauerarbeit« gebildet. Was da zu leisten ist, kann unter Umständen Schwerstarbeit sein. Ein Leben muss sich eventuell neu erfinden – und das auf einem Grund, der so ungewiss, so zerbröckelnd, so Abgründe eröffnend erlebt worden ist.

Manchmal ist für die Betroffenen der Grad der zu leistenden Anstrengung gar nicht zu fassen, so dass sie sie herabwürdigen und sich selbst gleich mit. Da ist es gut, wenn die Begleitenden in aller Ehrfurcht vor der Trauerarbeit Anwalt der Einschätzung dieser großen Lebensaufgabe sind. Meist still, unmerklich, indem sie die Art der Begegnung respektieren.

3.9 Das mit der Augenhöhe

Für die spirituelle Haltung, die hier beschrieben sein will, verwenden wir gern den Begriff der »Augenhöhe«. Dieses Wort kann zu dem Irrtum verleiten, Trauernde und stärkend Mitgehende seien auf einer Ebene. Funktional und strukturell sind wir es nicht. Die Augenhöhe hat da eine Differenz. Auf einer Höhe zu sein, das ist die geistliche Haltung, aus der Begleitung geschieht.

Ein Obdachloser hat an der Tür eines Pfarrhauses um eine »Unterstützung« gebeten. Der Pfarrer lud ihn in seine Wohnung ein – auf eine Tasse Kaffee. Er hatte gerade die ihn beglückende Erfahrung gemacht, dass das Reden von »wir sind alle Schwestern und Brüder« eben keine fromme Floskel sein muss, sondern jenes Erkennen beschreibt, das wir als verbindende Solidarität des Menschseins benannt haben. Der Pfarrer versuchte fast euphorisch, seinem Gast diese Gleichheit aller zu beschreiben. Der Obdachlose hörte ihm zu, schaute etwas befremdet ihn an und sagte: »Du kannst mich in die Wohnung einladen. Du kannst mir einen Kaffee anbieten.«

So viel dazu, dass wir alle gleich sind …

In dieser Begegnung wurde klar, dass es diesen Unterschied gibt zwischen der grundlegenden Gleichheit und den differenzierten Funktionen und Strukturen. Umso wichtiger, in diesen gegebenen Unterscheidungen die Haltung zu achten, die wir landläufig »Begegnen auf Augenhöhe« oder gar »Begegnung in Liebe« nennen.

3.10 Und welches Wort ist richtig?

Begriffe wie Begleitung, Umgang mit, Dienstleistung sind keine falschen Begriffe. Sie werden selbstverständlich ihre Gültigkeit im Themenfeld des Mitgehens in der Trauer haben. Die kleine Differenzierung im Sprachgebrauch will mitschwingen lassen, dass in alldem die spirituelle Komponente des Mitgehens durch die Trauer vorhanden ist. Die Sprache macht und offenbart Gefühle und Einsichten. Die hier mit aufgeführten Begriffe verstehen sich als Ergänzung mit einer eindeutigen Zielrichtung auf die geistliche Haltung in dem Tun.

3.11 Geht absichtslos?

Ein hohes Gut des Mitgehens ist die Haltung des Dienens. Als Begleitende lassen wir uns in Dienst nehmen, den individuellen Weg des Trauernden mitzugehen. Aus einem Wissen über die verschiedenen Ausprägungen gelebter Trauerprozesse können Mitgehende wertvolle Akzente setzen. Ein angestrebtes Ideal der Begleitung heißt, *absichtslos* für den Anderen da zu sein, nach seinen Bedürfnissen, in seiner Geschwindigkeit, in seinen Wegen und Umwegen, die ihn zum Begreifen des Verlustes führen werden. Wie bei der Augenhöhe: Es gibt keine absolute Absichtslosigkeit. Aber es gibt die grundlegende Absicht, vom Gegenüber her wahrnehmen, erkennen, denken und verstehen zu lernen. Das wiederum ist eine spirituelle Haltung.

3.12 Empathie und Mitgefühl

Im Mitgehen sind Empathie und Mitgefühl hilfreiche Fähigkeiten. Wir können nur jemandem in seiner Trauer – wie in allen anderen Ausnahmelagen seines Lebens – hilfreich sein, wenn wir die Gabe, das Gegenüber zu begreifen, in uns wachsen lassen. Vielfältige Begegnungen reichern diesen Schatz der zum Mitgehen besonders befähigenden Erfahrungen an. Man kann nicht alles selbst durchlebt haben, um anderen Menschen in ihrer Lebenssituation stärkend zur Seite stehen zu können. Wir können nicht Sterbende sein, damit wir Sterbende verstehen. Aber aus der Begegnung mit Sterbenden können wir vieles von dem erfassen, was bestimmend ist. Gewiss: Wer eine bestimmte Lebenslage am eigenen Leib hat durchtragen müssen, versteht andere mehr als jemand, der es »nur« aus der Mitteilung von Betroffenen erfährt. Wer ein Kind betrauern muss, der versteht feinsinniger, was dann mit einem Menschen passiert. Ein Begleitender, der nicht in eine solche Trauer gestürzt worden ist, kann lernen aus dem, was ein Betroffener ihm an Empfindungen und Erfahrungen offenbart. Darum sind Mitgehende auch oftmals Beschenkte und mehr und mehr Befähigte, angemessen den Trauerweg mitzugehen.

Empathie

Was da erlernt wird – teils durch Schulungen, vor allem dann aber auch in den Begegnungen selbst –, ist die Einfühlung in die Gemütslage des Gegenübers. Diese Einfühlung ist Empathie, das Begreifen dessen, was der Trauernde an Empfinden in Wort oder Geste ausdrückt. Die Methode der Gesprächsführung oder auch methodische Varianten im Psychodrama verwenden diese Einfühlung, um einen Weg der heilenden Therapie gehen zu können. Einfühlung geschieht sowohl in der aufmerksamen Wahrnehmung dessen, was gesagt wird, wie auch in der Art, wie und durch welche Körperhaltung unterstrichen etwas gesagt wird oder das Schweigen ausgestattet ist. Das psychodramatische Denken legt zum Beispiel Wert darauf, in der Einfühlung die möglichst gleiche Körperhaltung einzunehmen, um daraus eine

Resonanz in sich selbst zu spüren und aus dieser wieder eine begreifende Einfühlung in den Protagonisten zu gewinnen. Wenn sich Trauernder und Mitgehender im Gespräch gegenübersitzen, wird man nicht unbedingt die Körperhaltung des Gegenübers einnehmen können – aber die Wahrnehmung dieser Haltung reicht schon aus, im eigenen Körper einen Widerhall zu verspüren.

Die Empathie hilft, den Trauernden verstehen zu lernen. Manchmal hilft allein das Wissen, verstanden worden zu sein. Wenn der Trauernde durch die Art des Eingehens auf seine Äußerungen sich verstanden weiß, ist die Einfühlung des Begleitenden eine große Hilfe. Manchmal befreit allein die Erkenntnis: Da versteht einer – mein Mitgehender –, was mit mir los ist. Allein eine solche Rückmeldung des Verstehens kann hilfreich sein, sich auf den eigenen Trauerweg einlassen zu können. Aus der Einfühlung des Begleitenden ist es möglich, dem Trauernden weitere Schritte zu eröffnen.

»Ich dachte, ich wäre verrückt!«, gestand eine Trauernde mit dem Seufzer einer tiefen Erleichterung. »Ich hatte der Trauerbegleiterin Dinge erzählt, nicht ohne aufgeregte Scham. Ich habe mich immer wieder in ihren Augen vergewissern könne, dass sie zu verstehen schien. Die Begleiterin war ruhig geblieben, hat manchmal durch kurze Sätze geholfen, Dinge auszusprechen, die ich mir selbst als Tabu auferlegt hatte. Niemand sollte wissen, dass ich die Kleider meines Verstorbenen noch genau da hängen ließ, wo er sie zuletzt hingehängt hatte. Und als die Begleiterin dann nur einflocht, dass die ja noch etwas vom Leben meines Mannes trügen, dass ich im Berühren mehr als den Stoff einer Jacke in der Hand hielte und dass es manchmal gut tue, einfach noch einmal daran zu riechen (was um Gottes willen niemand wissen dürfe) – da sah ich mich ermutigt, vor der Begleiterin zuzugeben: Ja, ich muss immer wieder an den Kleidern riechen. Da ist er dann da für mich. Und die Begleiterin hat das ohne Bewertung angenommen und aufgegriffen. Und als unsere Begegnung beendet war, da blieb ich allein in der Wohnung zurück und bewegte mich befreit: ›Ich bin nicht verrückt!‹ Ich war verstanden und konnte so sein, wie ich gerade war.«

Die Begleiterin konnte so präsent sein und helfen, weil sie sich einzufühlen vermochte – sowohl in die Not, mit einem selbst auferlegten Tabu blockiert zu sein, wie mit der Angst, verrückt zu sein – bis zur Befreiung, dass das Riechen an den Kleidungsstücken keine krankhafte Abart, sondern eine der denkbaren normalen Reaktionen in der Trauer ist.

Einfühlung versucht zu verstehen, ohne das Begriffene zu bewerten, infrage zu stellen, mit Ratschlägen zu bedenken. Einfühlen heißt vor allem erst einmal: wahrnehmen, was ist.

Einfühlung ist ein Annähern und Anpassen an das, was die Begleitende meint wahrgenommen und erkannt zu haben. Selbstverständlich ist nicht zu erwarten, dass jede Einfühlung immer genau trifft, was das Gegenüber empfindet. Daher gehört zur Einfühlung auch die Probierhaltung dazu. Wenn die Einfühlung nur teils oder ganz nicht stimmte, ist das in der Regel kein Drama eines Misserfolges (das wäre dann das Thema, das die Begleitende klären müsste, aber woanders, nicht bei und mit der Trauernden). Durch sich als nicht zutreffend erweisende Einfühlung kann die Begleitende einen neuen Zugang des Einfühlens suchen – bereichert um das Wissen, was nicht dazugehört.

Die oben beschriebene Begegnung hätte anders ausfallen können: Nach dem Hinweis, dass sie an den Kleidern riechen müsse, um mit dem Verstorbenen in Verbindung zu sein, hätte die Trauernde antworten können: »Das nicht gerade. Ich sehe die Sachen nur so gern an seinem Platz hängen. Dann weiß ich, dass ich nicht so schnell ganz neu anfangen muss. Ich lass ihn noch etwas da, in den Kleidern, wo er sie hingehängt hat.« Die Begleitende weiß dann, dass sie einer anderen Spur der Einfühlung folgen wird.

Mitgefühl

Anders als bei der Empathie, der Einfühlung, hebt das Mitgefühl eine gewisse Grenze zwischen der Trauernden und der Begleiterin auf. Das muss den Prozess des Miteinandergehens nicht beeinträchtigen. Es geschieht ein Mehr an Einfühlung, indem das eingefühlte Erleben sich mit dem eigenen Erleben verbindet. Manchmal ereignet sich auch in souverän professionellen Begleitungen ein existenziell anrührendes Mitgefühl. Da steigen plötzlich Tränen in die eigenen Augen, weil die Einfühlung das Drama der Trauer nicht nur erfasst wurde, sondern sich mit eigenem Leben verknüpft hat. Gerade in Trauerbegleitungen geschieht es immer wieder, dass plötzlich ureigene Gefühle mit im Spiel sind. Die Identifikation mit dem, was der Trauernde als Erleben schildert, ist in Resonanz geraten. Solange dieses persönliche Mitgefühl nicht zum beherrschenden Thema des weiteren Verlaufs der Begegnung wird, ist das Mitgefühl eine intensivierte Form der Empathie. Mitgefühl kann sehr hilfreich sein, um das wahre Ausmaß dessen, was der Trauernde durchlebt und durchleidet, am eigenen Leib widerhallend zu erfahren. Etwas noch einmal verstärkt Verbindendes kann im Mitgefühl das Mitgehen bestärken.

3.13 Ergänzung im Verlusterleben

Verluste müssen sich mit Leerstellen auseinandersetzen – mal sehr bewusst, mal leise mitgehend. Zunehmende Lebensjahre lassen – oft unmerklich – immer mehr Leerstellen aufkommen. Manche merken sie, wenn es schwerfällt, Namen zu behalten.

Manchen fällt nicht mehr selbstverständlich ein, ob sie nun das Licht beim Verlassen des Hauses ausgemacht haben oder nicht. Die Wahrnehmung solcher Leerstellen ist den meisten lästig oder unangenehm, aber sie lösen in der Regel keine Trauerreaktionen aus.

Anders ist es bei Menschen, die stetig mehr in Vergesslichkeit rutschen, Menschen mit hirnorganischen Abbauprozessen. Je mehr dem Betroffenen diese Leerstellen bewusst sind, umso verunsichernder sind sie, umso mehr Trauer über verlorene Verlässlichkeit und Autonomie lösen sie aus. Oft ist es stille Trauer in Gram und Rückzug; es gibt aber auch die Variante einer eher aggressiven Abwehr gegen das Unaufhaltsame. Ob die leisere oder lautere Ausdrucksform der Trauer, das lässt sich nicht einmal durch den vorher erlebten Charakter eines Menschen festmachen. Ab und an beeinflussen die hirnorganischen Abbauprozesse, wie der Verlust erlebt und durchlebt wird, auch in der Reaktion auf das Erleben.

Wenig hilfreich – weil die Wut aufgestachelt oder der Gram noch einmal schamerfüllt verstärkt wird – sind die Verweise auf die Mängel, die die Leerstellen, die die Verluste hinterlassen. Auch hier ist Empathie ein hilfreicher Zugang, um überhaupt verstehen zu lernen, welcher Art des Verlustes die Betroffenen sich ausgesetzt fühlen.

Über die Empathie erschließen sich vielleicht Wege, dieses Verlusterleben mitzutragen. Hier ist die kostbare Geisteshaltung der Ergänzung gefragt. Ergänzung hat viel mit der Würde zu tun, in der auch der demente Mensch gehalten bleiben soll. Ergänzen bedeutet, in die aufgetretenen Leerstellen derart helfend einzutreten, dass der Betroffene sich nicht bloßgestellt sehen muss.

Ergänzen ist nicht Ersatz sein, sondern so füllen, dass die Würde des Betroffenen gewahrt bleiben kann. Es gehört eine eigene spirituelle Kraft dazu, die Ergänzung zu schaffen. Viel öfter geschieht Ergänzung mit dem Ausdruck einer Genervtheit, weil schon wieder etwas nicht so ist, wie es zu sein hätte. Oft genug kommt eine bewusst offen gelegte Ergänzung beim Betroffenen wie eine Maßregelung und Demütigung an. Aber es fehlt die Kraft, für sich selbst noch einzutreten.

Eine Frau geriet mehr und mehr ins Vergessen. Längere Zeit sah es wie Fahrigkeit aus, dann wurden Absprachen vergessen, Termine nicht wahrgenommen, kleinere Arbeiten vergessen. Alles nichts Bedrohliches für das Unternehmen, in dem sie arbeitete. Aber lästig war es. Der Chef musste auf mehr Dinge achten als vorher, musste mehrere Nebensächlichkeiten im Betriebsablauf selbst im Blick haben. Er erkannte, dass etwas mit der Mitarbeiterin nicht mehr stimmte. Manchmal stimmte ihn das mitfühlend; aber eine gewisse Grundgereiztheit schlich sich ein. Er konnte sich gegenüber der Mitarbeiterin beherrschen, aber der Groll wand sich in ihm selbst.

Je länger und auffälliger diese Verluste der Mitarbeiterin waren, desto mehr nahm sich – für den Chef unmerklich – ein anderer Mitarbeiter der gleichen Abteilung der Aufgaben der Erkrankten und um ihre Verluste Trauernden an. Er machte es ganz still, ohne der Mitarbeiterin auch nur einen noch so kleinen Hinweis zu geben, dass er ein Auge drauf hielte und bei Bedarf für sie einspränge – nicht zuletzt, um den Chef bei Laune zu halten. Er übte die Ergänzung lautlos aus. Er hielt wach im Blick, was von der Mitarbeiterin nicht geleistet war. Niemand merkte, niemand sah, wann und wie er diese Ergänzung geschaffen hat. Aber er tat sie – sehr zur Würdigung der erkrankten Kollegin. Erst nach dem Tod der Mitarbeiterin hatte der Chef die Bedeutung des Ergänzers erkannt – nicht, weil er etwas gesagt hätte. Da erweist sich die Haltung der Ergänzung als eine geistliche Gabe.

3.14 Anwaltschaft

Im Prozess der Trauer sind nicht immer Ergänzungen angefragt, auch gar nicht möglich. Nach einer endgültigen Trennung ist die Partnerin nicht einfach durch eine andere zu ergänzen. Manchmal erfolgen in einer gewissen Panik solche Schnellergänzungen. Oft genug sind sie zum Scheitern verurteilt, weil Ergänzung eben nicht Ersatzbeschaffung heißt. Ergänzung ist im oben beschriebenen Sinne ein geistliches Geschehen, kein materielles.

Eine eigene Art der Ergänzung kann die Anwaltschaft sein, die jemand im Prozess der Trauer für einen Trauernden übernimmt. Der Anwalt tritt für den Anderen ein, dem im Moment die eigene Kraft, der eigene Überblick, die eigene Hoffnung fehlt. Der Anwalt ist nicht der Inhalt. Er ist der Wahrer dessen, was dem Trauernden wichtig ist.

Trauernde können den Zustand einer Verzweiflung erleben. Der Anwalt spricht ihm zu, dass er diesen ermattenden Zustand auch wieder wird verlassen können. Es ist keine Zeitangabe, auch keine Beschreibung des zu erreichenden neuen Zustands. Der Anwalt hält das Vertrauen wach, dass es nach der Verzweiflung in der Trauer auch wieder ein anderes Erleben geben wird. Der Trauernde weiß nicht, ob seine ihm teils so fremden, sogar abstoßend fremden, chaotischen Gefühlswallungen jemals wieder weggehen. Der Anwalt – aus Erfahrung sprechend – kann wach halten, dass auch diese Empfindungen sich wandeln werden.

Der Trauernde ist ohne Hoffnung, manchmal spricht er vom Sehnen, wieder eine Hoffnung zu haben; der Anwalt bewahrt, dass es ein Bild zukünftiger Hoffnung im Trauernden gibt. Es ist einmal ausgesprochen. In der Situation weist der Trauernde aber eine mögliche neue Hoffnung energisch zurück. Er ist im Zustand der Hoffnungslosigkeit. Sie ist ihm in diesem Augenblick bedeutsam. Der Anwalt redet ihm dieses Erleben nicht aus. Er hält bereit, dass es ein inneres Wissen von zukünftiger Hoffnung gibt.

Die geistliche Kraft der Anwaltschaft liegt im Vertrauen auf das Wachsen im Prozess der Trauer. Die Anwaltschaft nimmt mit Empathie wahr, hört hin und vor allem: bewahrt, um zur rechten Zeit einbringen zu können, was dann heilsam wirken mag. Der Anwalt selbst ist nicht der Inhalt des Bewahrens.

Ein Mann in gehobener Stellung hatte durch stetiges Mobbing seinen Arbeitsplatz verloren. Der Schmerz der Demütigung war überwältigend. Es stellten sich Krankheiten ein, die viel Energie auffraßen und bleibende körperliche Beeinträchtigungen hinterließen. Im Mitgehen bei dieser Trauer war die Entwertung so gewaltig, dass alle früher so selbstverständlich und kompetent-souverän ausgeübten Fähigkeiten wie abgestorben wahrgenommen wurden. Ein früher so klarer, sich seines Selbst bewusster, in seinem Wesen dabei bescheiden und zugewandt auftretender Mann war gebrochen. Ihm fehlte jeder Kontakt zu dem, was ihn früher ausgezeichnet hatte. Die Begleiterin dieses Trauerprozesses kannte die besonderen Begabungen des Mannes aus früheren Erzählungen. Wenn dann der Mann verzagt und gebeugt bei ihr saß und sagte, dass das wohl jetzt sein Endzustand sei, sagte sie ihm nur: »Ich habe Ihre Begabungen früher gehört. Ich vertraue, dass Sie die wieder aufgreifen werden.« Der Mann protestierte, dass das nicht mehr sein könne, so bodenlos sei er noch nie verstoßen und ausgelöscht worden. Zugleich fragte er: »Wie lange wird es denn dauern, bis ich – Ihrer Meinung nach – wieder zu meinen Kräften finde?« Die Begleiterin hat auch diesen Satz sehr wach aufgenommen. Sie sagte: »Drei Jahre«. Er resigniert: »So lange noch?«. Sie sagte: »Ich werde Sie erinnern.« (Und tatsächlich hatte der Mann nach drei Jahren wieder zu seiner Kraft finden können und in einer neuen beruflichen Orientierung wieder Lebensmut wachsen lassen können.)

3.15 Treue

Treue im Mitgehen

Verlusterfahrung ist in der Regel auch mit Verunsicherung verbunden. Sicher Geglaubtes hat sich als brüchig erwiesen. Nicht selten ziehen Verlusterfahrungen auch Änderungen des sozialen Umfeldes mit sich. So selbstverständlich geglaubte Freunde machen sich rar oder gehen ganz aus der Beziehung, entferntere Menschen weichen einer Begegnung aus, weil sie nicht wissen, wie sie sich verhalten sollen. Aber auch neue Beziehungen entstehen, Menschen, die vor dem Verlust überhaupt nicht im Blick waren oder solche, die sich jetzt als wohltuend Mitgehende erweisen. Manchmal kommen bisher unbekannte Menschen in eine engere Beziehung, die hilft, mit dem Verlust und den auch sozialen Erschütterungen zurechtkommen zu lernen.

Der Lebenspartner war verstorben, ein Mensch mit vielen sozialen Kontakten zu interessanten Menschen. Nach seinem Tod nahm sein Partner erschüttert wahr, dass viele der »Freunde«, die früher selbstverständlich ins Haus kamen, sich überhaupt nicht mehr meldeten. Sie waren gerade noch bei der Beerdigung anwesend. Danach aber gab es keinerlei Kontakt. Als nach einem Jahr eine der Freundinnen aus dem Kreis anregte, eine Gedächtnisfeier zu halten, stieß sie auf kühlen, verbitterten Widerstand. Sie hatte sich das ganze Jahr über mit keinem Wort, mit keinem Zeichen gemeldet. Dass aber in der Nachbarschaft eine neue, freundschaftliche Solidarität gewachsen war, hat das Leben des Trauernden gestärkt, auch spürbar bis in Alltagshilfestellungen.

Die Treue zu einem Menschen ist auch eine geistliche Haltung. Sie muss nicht erzwungen sein, wenn die Beziehung nicht stimmt. Eine geistliche Haltung verträgt sich nicht mit verordnetem Zwang, auch nicht in der Treue.

Das Mitgehen im Prozess einer Trauer ist die Zusage einer Treue, wenn auch auf Zeit. Treue erweist sich in der Ermöglichung der Begegnungen – in verlässlichen Zeiträumen des zu Dienst Seins, in der Treue zu Terminabsprachen. Auch das Einhalten der abgemachten Grenzen ist ein Erweis der Treue im Mitgehen. Das bezieht sich auch auf das Ende einer Begleitung.

Das Mitgehen eines Trauerweges gewährt Einblicke in und Zugriffe auf das ganz persönliche Leben eines Menschen. Daher muss mit der Haltung der Treue auch die Diskretion, der Respekt mitgehen. Sich darauf verlassen zu können, muss jeder Trauernde erwarten können.

Treue im Erinnern

Es gehört zur Angemessenheit einer Trauerbegleitung, dass sie auch ein Ende hat – sowohl in professionell-therapeutischem wie in ehrenamtlichem Mitgehen. Meist zeichnet sich auf dem Begleitweg ab, wann die Intervalle des Zusammentreffens größer werden, bis nur noch ab und an Gespräche gesucht werden. Das Ziel des Mitgehens ist die Stärkung des Trauernden, seinen Weg aus eigener Kraft und in der Kraft seines sozialen Umfeldes allein gehen zu können.

Die Trauer wandelt sich in ihrer Intensität, aber sie bleibt Bestandteil des Lebens, weil sie die emotionale Reaktion auf einen bleibenden Verlust darstellt. Daher kann das Erinnern auch nach der akuten Begleitung eine Form der Treue sein – Treue als geistliche Haltung der wenn auch zeitlich begrenzten Gemeinschaft mit einem Menschen und seinem Verlusterleben. Es gibt kleine Zeichen, die die Trauer würdigen helfen, Zeichen wie ein Gruß zum ersten Weihnachten im Verlusterleben ohne den Verstorbenen, ohne den Getrennten. In schweren Trauerwegen kann es ein Zeichen der achtvollen Treue sein, auch zu Gedenktagen sich in irgendeiner Weise zu melden. Das Entscheidende dabei ist, dass der Trauernde weiß, dass er mit seinem Verlust nicht allein ist; dass er weiß, dass an ihn zu besonders belastenden Tagen gedacht wird.

Ein Pfarrer schreibt zu Weihnachten all denen, die im vergangenen Jahr einen Verlust durch den Tod erlitten haben. Er schreibt so, dass die Trauernden sich in ihrer konkreten Verlusterfahrung angesprochen sehen. Er schreibt so, dass auch Hoffnung ausgesprochen ist, in dem Maß, das ihm für die angesprochene Person angemessen erscheint.

In schweren Verlusterfahrungen – zum Beispiel dem Verlust der kleinen Tochter durch einen Verkehrsunfall – und einer intensiven Zeit des Mitgehens schreibt der Pfarrer nun schon über 14 Jahre zum Todestag und zu Weihnachten einen kleinen Gruß des Erinnerns. Der Angesprochene reagiert darauf nie. Nur wenn sie sich zufällig auf der Straße begegnen, pflegt er mit kurzem Wort sich zu bedanken: »Danke, dass Sie nicht aufhören, mit dran zu denken.« Und dann kein weiteres Wort dazu.

Auch aus einer anderen Begleitung – auch nach Tod eines Kindes durch Unfall – sind in den ersten Jahren Weihnachten und das Datum des Todestages des Kindes Momente, in denen sich im Gruß des Gedenkens die Treue zum Begleiteten zeigt.

Es muss kein Brief sein, es kann eine kurze Mail oder ein Anruf sein – entscheidend ist die Treue des Erinnerns. Wie bei jedem Begleitweg wird sich diese Treue kürzer oder länger erweisen müssen, je nach Schwere des Verlustereignisses.

3.16 Und stimmt die Liebe noch?

Mit einem anderen Wort lässt sich das Mitgehen in der Solidarität mit dem Leidenden und mit der Kompetenz des um die Trauer Wissenden benennen: die Liebe, die das menschlich Verbindende ist. Es ist jene Liebe, die losgelöst ist vom Begehren am Anderen, die keine Exklusivität beansprucht. Es ist die Liebe, die das Menschsein in der geschöpflichen Gleichheit aller zusammenhält. Hier ist nicht einer idealisierenden Gleichmacherei das Wort geredet. Wir wissen, dass Menschen in ihren Fähigkeiten, in ihren Möglichkeiten, in ihrer Natur nicht gleich sind, sondern ganz im Gegenteil unterscheidbare Wesen sind. Aber es gibt das in allem Verbindende: die Menschseins-Solidarität, die Liebe. Manchmal erfassen wir in einem kurzen Augenblick, was das an Erfahrung ist – jenseits der großen Worte, die der Liebe gewidmet sind.

Bei einem Dienst im Café der Notschlafstelle kippte einer der Gäste während des Essens von seinem Stuhl. Die Wirkung der Droge hatte die Kontrollfähigkeit verschleiert. Das kommt immer wieder vor. Seltener, dass jemand dann vom Stuhl kippt. Ich ging zu ihm hin, hob ihn wieder auf seinen Stuhl. Er kam halbwegs wieder in ein Bewusstsein, dass ihn gerade am Tisch halten konnte. Als ich von ihm wieder an meinen Platz am Tisch zurückging, durchblitzte mich der Gedanke: Zwischen uns gegenwärtig ist die Liebe. Ich war selbst verblüfft über diese so direkte Empfindung.

Es ist das, was Menschen als Menschen verbindet, ohne dass es eine Absicht aneinander gibt …

Als der Gast das Café nach einiger Zeit verließ, kam er noch einmal auf mich zu und sagte: »Bist ein lieber Mensch« – was im Zusammenhang meiner Erfahrung wie die Bestätigung dessen klang, was in diesem Aufheben vom Boden als Verbindendes zwischen uns spürbar war.

Das Wissen um diese uns verbindende Liebe ist meist nicht bewusst gegenwärtig. Wir wissen, wie Liebe-los der Umgang miteinander ist. Da stehen andere Interessen im Vordergrund, die keinen Gedanken an die solidarische Liebe aufbringen geschweige denn erkennen lassen. Konkurrenz, Neid, Selbstbezogenheit, Überheblichkeit – viele Eigenschaften hindern, dass der Liebe Raum gegeben wird. Das gilt auch in Begegnung und Begleitung von Trauernden. Da wollen sich eigene Konzepte durchsetzen, da wollen Begleitende sich selbst gut fühlen, da wollen sie unentbehrlich sein, da wollen sie den Takt angeben, da erheben sie sich schon einmal, wenn der Trauernde so gar keine Bewegung zeigt – und das, obwohl man doch immer wieder so gute Angebote gemacht hat. So kann das in Begleitprozessen laufen, ohne dass die Mitgehenden schlechte Begleiter wären. Auch die Unzulänglichkeiten sind Ausdruck des menschlich Begrenzten.

Ein Trauernder hat sich einer professionellen Therapeutin als Trauerbegleiterin anvertraut. Er kommt regelmäßig, macht unterschiedliche Aspekte seines Erlebens zum Thema, stellt diese aber immer so umständlich ausschweifend dar, dass die Therapeutin sich dabei ertappt, dass sie ihren Klienten nicht mehr ernst nimmt. Manchmal weht etwas von zynischer Belustigung sie an, wenn der Trauernde in einer kaum vorstellbaren Umständlichkeit einen auch mit sehr wenigen Worten aussagbaren Gemütszustand beschreibt. Die Therapeutin verspürt eine sie plötzlich überfallende Müdigkeit, muss sich ab und an sogar zwingen, die Augen offenzuhalten, während ihr Gegenüber mit Worten ringt. Immer wieder merkt die Begleiterin, dass sie den Faden verliert und sich innerlich zur Wachsamkeit rufen muss, damit sie wieder in das Gespräch einsteigen kann.

Irgendwann reflektierte sie ihr Verhalten, löste sich davon, den Klienten allein als Ursache zu nehmen, und blieb bei der sie selbst verblüffenden Frage: »Stimmt die Liebe noch?« Gemeint ist diese alle verbindende Liebe des gemeinsamen Menschseins. Seit sie diese Frage als Erkenntnis gewonnen hat, weiß sie, wie sie sich in mühselige und ermüdende Begleitgespräche wieder in voller Wachheit einbringt. Sie sagt still für sich: »Stimmt die Liebe noch?« – und ist mit voller Aufmerksamkeit wieder bei dem jeweiligen Gegenüber.

Im so bekannten Hohen Lied der Liebe aus dem Brief des Paulus an die Gemeinde in Korinth (1 Kor 13) findet der Autor ein prägnante Sprache: Wenn ich alles könnte, was wir als Ideal preisen – damals waren es die Fähigkeit der Zungenrede, der Besitz aller Erkenntnisse, die unerschütterliche Glaubenskraft, die Bereitschaft, den ganzen Besitz an die Armen zu geben, sogar das Martyrium um der Überzeugung willen auf sich zu nehmen – wenn wie auch immer die Ideale auch in der Trauerbegleitung erfüllt sein mögen: ... hätte aber die Liebe nicht, wäre ich nichts.

Das alles Durchtragende ist demnach wohl die Liebe, die Lebenszusage, das Menschen Verbindende, das den Menschen Grundlegende. Wir können die Aufzählung des Paulus (vor allem 1 Kor 13, 4–6, [7]) übertragen auf die idealen Fähigkeiten, die eine Trauerbegleiterin/ein Trauerbegleiter einbringen könnten.

3.17 Wechselwirkung der mitgehenden Tugenden

Die spirituellen Tugenden der Trauer können nicht ohne die Liebe wirksam sein; die Liebe entwickelt sich, reift, nimmt mehr und mehr Gestalt an durch das Einüben dieser Haltungen. Eine Wechselwirkung.

Mit zunehmender Erfahrung an eigenem Leben und im Mitgehen im Leben anderer besteht die Chance, an den spirituellen Tugenden zu reifen. Die Einfühlung zum Beispiel nimmt differenzierter wahr, wird sensibler in der Wahrnehmung, wird vorsichtiger in der Rückmeldung und entschiedener im Mitgehen.

Es wächst das Verständnis für die Breite der Menschenmöglichkeiten. Es wird immer deutlicher, dass Menschen vermutlich vor allem sinnvoll und glücklich im Leben sein wollen – und das auf die ihnen mögliche Weise zu erlangen versuchen. Was mir selbst fremd sein mag, kann mir in der Gestalt eines Mitmenschen begegnen, der ebenso wie ich das Recht haben muss, in seiner Art glücklich werden zu wollen. Solange die Unterschiedlichkeit die Gemeinschaft und die Möglichkeiten des Zusammenlebens nicht zerstört, ist diese Unterschiedlichkeit der Ausprägung des Menschseins eine Herausforderung, aber auch ein Übungsfeld für das Reifen spiritueller Tugenden.

Mit diesem Reifungsprozess der Persönlichkeit des in der Trauer Mitgehenden wächst auch die Liebe als Grundverbindendes des Menschseins. Es ist eine Frucht dieser Liebe, wenn mehr und mehr akzeptiert werden kann, dass Menschen unterschiedlich sind. Jeder Mensch stellt eine Variation der Möglichkeit dar, ein Mensch zu sein. Manchmal ruft dieses Erkennen ein Staunen hervor. Es kann Milde, Barmherzigkeit, Demut lehren. Es dient dem Wachstum der Liebe.

Auch in Begleitungen kommen wir mit Menschen zusammen, die manchmal Eigenschaften an den Tag legen, die uns fremd sind. Manchmal sind sie uns abstoßend fremd. Bewertungen, Abwertungen gesellen sich zum Gefühl des abschreckenden Fremden. Der Gedanke an die Einzigkeit der Ausprägung jeden Menschenlebens kann helfen, diese Fremdheit ohne Abwertung hin- und annehmen zu lernen. Da werden geistliche Haltungen konkret.

In einer Gruppe Trauernder saßen zwei auffällige Teilnehmende. Der Mann bestach durch seine Selbstsicherheit, die dem Gruppenleitungsteam aufgesetzt erschien. Immer wenn andere Teilnehmende ihr emotionales Erleben mitteilten, schlug er mit sachlichen Erklärungen die Verständigung des Teilens nieder. In der Gruppe war auch noch eine Frau, die durch ihre Distanzlosigkeit auffiel und vor allem den Begleitenden zu nahe kam. In der Supervision wurden diese Störungsempfindungen besprochen. Man traf Vereinbarungen, wie das Wohl der Gesamtgruppe zu erhalten sei. Der Begleiter der Gruppe sprach seine Abwertungsgefühle gegen beide Personen an. Für ihn stimmte die Liebe, das Menschseinsverbindende nicht mehr. Im Gespräch der Supervision konnte das Verstehen der Andersartigkeit der beiden Gruppenmitglieder ausgesprochen werden. So fremd ihre Art des Auftretens ist, so sehr ist sie das, was den beiden jeweils zur Verfügung steht, um im Leben zu sein. Beide stellen eine Variation der Möglichkeit dar, ein Mensch zu sein.

Wie verträglich ein solches Verhalten für die Gruppe, wie anschlussfähig für die einzelnen Gruppenleiter, wie hilfreich für die Betroffenen selbst ist, ist eine anders zu klärende Anfrage.

Solche Erfahrungen können helfen, in den geistlichen Haltungen und in der Liebe zu reifen.

3.18 Spiritualität der Tat

Gerade unter hoch motivierten ehrenamtlichen Trauerbegleitenden gibt es den Wunsch nach tiefen Gesprächen, nach intensiven Begegnungen, nach Reden über die existenziellen Dinge, die einen Menschen in seiner Trauer bewegen. Je mehr an Intensität in den Gesprächen entsteht, umso gelungener erscheint die Trauerbegleitung. Nicht selten gehen beide Teile der Begegnung – der Trauernde und die Trauerbegleitende – mit einem erfüllten Empfinden auseinander. Es tut einfach gut, so existenziell berührt mit einem Menschen auf dem Weg zu sein. Für manche ist es obendrein ein gewichtiges Kriterium, wie viel geweint worden ist, wie viel sich da beim Trauernden gelöst haben mag – und wie lange ein solch tiefes, spirituelles Gespräch gedauert hat.

Ohne Zweifel: Diese intensiven Gespräche sind sehr wichtig im Prozess eines Mitgehens in der Trauer. Sie haben nicht selten lösende, weiterführende Bedeutung. Die Dichte, die alle Beteiligten dabei erleben, trägt zu Recht den Namen einer spirituellen Dimension.

Dem sei gegenübergesetzt die Spiritualität der Tat – nicht als Ersatz, sondern als Ergänzung.

Eine um ihren verstorbenen Mann und Vater trauernde Familie erzählt im Nachgang der Erfahrungen unmittelbar nach dem Tod des Mannes: »Am meisten erinnere ich als Hilfe, dass die Nachbarin plötzlich vor der Tür stand, mir einen Topf warmer Suppe hinhielt und sagte: ›Ich weiß nicht, was ich sagen soll. Aber ihr müsst ja etwas zu Mittag essen. Da habe ich euch schnell eine kräftigende Suppe gekocht.‹ Und dann trat noch eine ihrer Töchter aus ihrem Windschatten und streckte verlegen einen Kuchen hin: ›Den habe ich für euch gebacken.‹« So seltsam es klingen mag, sagte die Trauernde: »Das ist meine erste Erinnerung, wie jemand uns hilfreich im ersten Moment der Trauer war. Klar, es waren auch viele Menschen da, die haben so einfühlsam wie möglich mit uns gesprochen. Aber es war da eigentlich gerade nicht die Zeit des großen Gespräches. Wir mussten Dinge regeln, da waren dann Adressen schreibende Hände sehr hilfreich. Und vor allem die Suppe und der Kuchen.«

Weil es in der akuten Situation der Trauer dem Leben diente, sind diese Handreichungen ein eigenes spirituelles Geschehen – die Spiritualität der Tat.

3.19 Begleitung eröffnet Raum für spirituelle Anliegen

Es gibt einiges zu bedenken, auch einiges zu regeln, wenn ein Mensch in Trauer ist. Es gibt dazu vielerlei Angebote einer Begleitung nach Verlust. Es kommt dabei immer wieder vor, dass Trauernde mit einer Unzufriedenheit ringen, weil die Begleitung einerseits hilfreich ist, andererseits aber dennoch so hoffnungs- und haltlos zurücklässt. Auch in professionellen Therapien sagen Trauernde, dass ihnen etwas fehlt – ohne dass sie immer einen Namen für dieses Fehlende hätten.

Weil Verlust zu grundlegender Infragestellung der bisher angenommenen Lebenssicherheiten führt, sind es nicht selten auch spirituelle Fragen, die Trauernde bewegen. Sie suchen in der Begleitung etwas von dem, was das Leben trägt. Dieses Tragen erwartet nicht unbedingt ein festes, alles wieder stabilisierendes Fundament. Gerade auch das Fragen, das Suchen, das Ringen um einen neuen Platz des Lebensverständnisses gehört mit in diesen Prozess.

Ein Mann litt nach Verlust unter immer wiederkehrenden Angststörungen. Zunächst war nur das Phänomen da: plötzliches Unwohlsein, Herzrasen, Luftnot, Angst vor dem plötzlichen Tod. Diese Anzeichen kamen so plötzlich, wie sie dann auch wieder weggingen. Immer blieb eine große Erschöpfung zurück, gepaart mit der Not, nicht zu wissen, was da passierte, aus heiterem Himmel, wie der Betroffene in seiner Hilflosigkeit betonte. Die Verwirrung steigerte sich dadurch, dass er sich zunehmend einer körperlichen wie geistigen Verlangsamung ausgesetzt sah. Selbst das normale Gehen war eine Geschwindigkeit, die er meinte, mit seinem Gehirn nicht mehr angemessen steuern zu können. Dass die Autos auf den Straßen in ihrer Geschwindigkeit ihn überforderten, hatte er hinzunehmen gelernt. Dass aber sein eigenes Gehen zu einer Überforderung der Koordination zu werden drohte, war ihm ein Alarmzeichen. In alldem sagte er aber immer: »Ich weiß, dass ich nicht krank bin.«

Sein wohlmeinender Arbeitgeber legte ihm nahe, dringend einen Neurologen zu Rate zu ziehen. Der fand keine pathologischen Ursachen, verschrieb ein Antidepressivum, das den Zustand des Patienten verschlechterte, so dass der Arzt ihm dann auch riet, ersatzlos das Medikament auszuschleichen. Es sei ein Versuch gewesen.

Dann unterzog sich der Mann einer Psychotherapie. Die war hilfreich, wie er sagte. Er habe dabei einige Dinge erkannt, die ihm halfen zu verstehen, auch den Verlust in seiner existenziellen Dimension anzunehmen. Er hatte sich von seiner Arbeitsstelle beurlauben lassen, weil er arbeitsunfähig war. Auch der Verlust dieser Arbeit bedeutete eine große Herausforderung, hatte er doch gelernt, dass ein Leben da sinnvoll ist, wo es etwas leistet.

Nach einigen Monaten sagte er der Therapeutin, dass seine Möglichkeiten in der Therapie ausgereizt seien. Das sah auch die Therapeutin so. Das eigentliche Problem war aber nicht gelöst. Er hatte wohl gelernt, diese Beeinträchtigung hin- und anzunehmen.

Wie durch einen Zufall kam er ins Gespräch mit einem Seelsorger, dem er von seiner Not erzählte. Er teilte ihm seine Trauer über den Verlust seiner Arbeitsmöglichkeiten mit, auch Trauer um den Bruch einer Freundschaft, auch Trauer über sein Alleinsein.

Der Seelsorger hörte sich das alles schweigend an und antwortete mit nur einem Satz: »Versuchen Sie vielleicht einmal, all dieses als eine spirituelle Anfrage zu begreifen.« Der Mann war verwirrt, weil er sich Einfühlung in seine Notsituation anders vorgestellt hatte. Der alte Seelsorger hatte aber nur diesen einen Satz zur Verfügung. Und der hatte, wie es sich später zeigte, ins Schwarze getroffen. So wichtig die therapeutische Bearbeitung einiger Lebensthemen war – die geistliche Betrachtung der Lebenssituation war jetzt eine Lebensaufgabe, die nicht durch therapeutisches, sondern in diesem Falle nur noch durch spirituelles Mitgehen anzugehen war. Dies eröffnete dem Trauernden eine neue Perspektive auf seinen Zustand. Er erzählte, dass er Jahre vorher nach einem Unfall einen vollkommenen Verlust seiner spirituellen Beheimatung erlebt hatte: Das Kreuz im Krankenzimmer war aus Metall. Als er aus der Narkose erwachte, so erinnerte er sich, habe er auf das Kreuz geschaut und gesagt: »Das ist alles Blech.« In der späteren Betrachtung war das der Ausgangspunkt einer anstehenden Bereitschaft zur spirituellen Neuorientierung. Er versuchte zunächst, die ihm wichtige spirituelle Fundierung seines Lebens in den ihm anerzogenen Riten aufrechtzuerhalten. Er fand immer weniger Zuspruch, Ermutigung und Trost darin. Schließlich war ihm, als habe seine Existenz keinen Rahmen mehr. Das löste die Angststörungen aus. Dann kamen die Verlusterfahrungen, die die physischen Symptome verstärkten. Dann kam der Zusammenbruch und die Hilflosigkeit, sich wieder zu sortieren, um – wie er meinte, dass es zwingend nötig sei – wieder funktionieren zu können.

Der Hinweis, seine Not auch als spirituelle Anfrage deuten zu können, hat ihn nach und nach wieder in ein ungehindertes Leben wachsen lassen. Auf die Frage, was er denn getan habe, so spirituell, kann er keine griffige Antwort geben. Er habe sich ermutigt gesehen, seine bis dahin tragenden spirituellen Festen als zerbrochen anzusehen. Dafür hat sich im Sinne einer sichernden Gewissheit kein Ersatz eingestellt. Bis auf den heutigen Tag ist kein neues geistliches Haus gefestigt worden. Er sagt, dass vermutlich diese Nichtfestlegung ihm den Raum für ein neues Wachsen gegeben habe. Er ist sich eines Gottes nicht mehr so gewiss wie früher. Aber es ist ihm keine Not, weil sein Vertrauen auf diesen Gott eine andere Zuversicht in ihm geworden ist. Und, so paradox es klingt, er sagt: »Wenn ich vom Vertrauen in diesen Gott spreche, hängt sich wie von selbst der Satz an: ›Oder ist Gott doch nur eine Projektion?‹«

Manchmal wünschte er sich eine größere Gewissheit. Auf der anderen Seite hat er mit dieser Unklarheit zu leben gelernt. In alldem sagt er, dass er darin sich geöffnet wisse, dass Gott an ihm wirke, selbst wenn er auch hinter diese Aussage den Satz setzen müsse: »Oder ist Gott nur eine Projektion?« Er hat begriffen, dass das Geistliche keine Versicherung ist, sondern ein Vertrauen, in das man hineinwachsen kann. Die Geschwindigkeit dieses Wachstums wiederum entzieht sich seiner Machbarkeit. In aller Ungesichertheit hat er eine geistliche Freiheit gewonnen. Von Gott verstehe er zu wenig. Aber dem Wirken des Geistes traue er kindoffen. Und er fügt hinzu: »Ich weiß, dass das ziemlich schräg klingt …«

Der Blick auf das Geistliche schließt das Psychotherapeutische auf keinen Fall aus. Es kann fatal werden, wenn ungeübte Begleitende sich auf eine denkbare spirituelle Notwendigkeit stürzen, um hilfreich zu sein. In diesem Abschnitt geht es lediglich darum, auch das Spirituelle als Bestandteil in Trauerbegleitung mitzudenken. Es kann durchaus vonnöten sein, dass andere psychotherapeutische Dinge dringend abzuklären sind, um ein Leben mit der Verlusterfahrung erleichtern zu können. Das Beispiel des Mannes zeigt, dass es Situationen gibt, in denen eine psychotherapeutische Begleitung ihren Dienst erwiesen hat und dennoch etwas offen bleibt. Die spirituelle Begleitung kann neue Räume öffnen, in denen Menschen mit ihrem Verlust zu leben lernen. Der Verlust bedarf einer Neuorientierung des Lebens. Das ist für viele eine sehr schwerwiegende Verwandlung ihres Lebens. Da hat die grundlegende weltanschauliche Orientierung eine nicht zu übersehende Bedeutung.

Trauernde suchen nicht selten auch bei professionellen Psychotherapeuten jemanden, der die spirituelle Dimension einer Lebenskrise mit bedenkt. Das scheint nicht immer gewährleistet zu sein. Zu bedenken ist, dass nicht jede und jeder einen spirituellen Anteil für sich sucht und daher keine Abwertung von Therapeuten ausgesprochen sein soll, die bewusst sich nicht auf spirituelle oder religiös geprägte Aspekte einlassen. Wo aber dieser Bestandteil des Lebens gesucht wird, sollten Begleitende zur Verfügung stehen, die in spirituellen Dimensionen mitdenken und mitleben können.

Eine Trauernde wendet sich verstört an eine Koordinatorin, weil sie mit ihrer Therapeutin nicht zurechtkommt. Sie erzählt, dass sie dieser von ihrem Zorn auf Gott berichtet habe, dass Gott ihr diesen Verlust ihres geliebten Mannes zumute. Die Therapeutin habe ihr gesagt, dass sie das mit einem Pfarrer oder einer Pfarrerin besprechen solle. Die seien für so etwas ausgebildet. Sie selbst könne sich Gott nicht vorstellen und wolle dazu auch nichts mehr sagen.

Seitdem, so berichtet die Trauernde, habe sie den Zugang zur Therapeutin verloren, wie brutal abgeschnitten. Die Koordinatorin kann sie ermutigen, ihren Zorn auf Gott ebenso wie den Verlust des Vertrauens in die Therapeutin als angemessen anzunehmen. Sie suchen gemeinsam nach einer neuen Begleitung, die sich diesen Fragen stellt. Die Trauernde, bereits am Verlassen des Raumes, wiederholt noch einmal, dass sie ja keine lösende Antwort der Therapeutin auf ihren Zorn erwartet hätte, nur, dass diese es hätte stehen lassen können, dass sie diesen Zorn habe. Gekränkt, ja gekränkt, bekräftigt sie, habe sie die grundsätzliche Abwertung Gottes ...

4 Einige Methodenbeispiele

Die in den bisherigen Ausführungen gegebenen Beispiele enthalten auch Hinweise, wie die Begegnung mit Menschen in Trauer aus bestimmten spirituellen Haltungen gelebt werden kann. Im Folgenden sind noch einige Beispiele methodischen Vorgehens aufgeschrieben. Sie sind zum Teil für die Begegnung mit Trauernden  (diese Rolle ist mit T gekennzeichnet) gedacht, andere können für die Schulung bzw. Supervision von Trauerbegleitenden (TB) hilfreich sein. Einzelne Übungen sind auch für Arbeit in Trauergruppen (TG) geeignet.

Zur Einstimmung sind alle Übungen auch bei Ausbildungsseminaren zur Trauerbegleitung denkbar.

4.1 Beispiel 1: Methode des Erwärmens als Zugang[2] (T)

Die meisten Bewegungen in der Trauer haben emotionale Rezeptoren. Viele binden sich in innere Bilder ein, die einen eigenen Sinn tragen. Die Deutung ist eng verbunden mit dem individuel-

---

2 Hierzu findet sich eine ausführlichere Anleitung in Schnegg, 2014, S. 30–38.

len Erleben. Wie die bisher schon beschriebenen Beispiele offenlegen, ist ein Empfinden, eine Ereignis, eine Erfahrung vielmals mit solchen Räumen der Vorstellung verbunden. Manchmal erscheinen sie als wenig plastische Räume, die aber mehr ausdrücken, als sie auf den ersten Blick zu sagen scheinen. Sagt zum Beispiel ein Trauernder, er fühle sich gelähmt in seiner Kraft, so wird, was dieses »gelähmt« in seiner ganz persönlichen Wahrnehmung bedeutet, nicht ohne Weiteres sichtbar. Weder für den Begleitenden noch – oftmals – für den Trauernden selbst. Die Methode des Erwärmens kann helfen, das mit dem Einzelnen gesprochen einzelne Wort (gelähmt) oder Bildwort (in meiner Kraft gelähmt) verbundene Empfinden etwas plastischer werden zu lassen. Dabei geht es nicht darum, jemanden emotional aufzubrechen. Das Erwärmen kann hilfreich sein, dass der Trauernde mehr von dem begreift, was in ihm gerade wirksam ist. Er wird während des Erwärmens nur so viel ausbreiten, wie es ihm bekommt. Dem Begleitenden ist die Erwärmung eine Hilfe, mehr und vertieft von dem zu verstehen, was den Trauernden bewegt.

Methodisch leitet der Begleitende den Weg der Erwärmung. Wie das Wort sagt: Jemand soll die Möglichkeit bekommen, sich in ein Wort, ein Bild, eine Begebenheit zu vertiefen, mehr vom Gehalt der Aussage zu erfassen, vor allem sich selbst in dem Bild als Ausdrucksform seiner Empfindung wiederzufinden. Der Trauernde benennt, was ihn gerade bewegt. Das könnte sein: »Ich bin durch meine Trauer in meiner Kraft wie gelähmt.« Es könnte auch ein Ausgangspunkt sein: »Ich wünschte mir so sehr, dass ich wieder bei Kräften wäre.«

Der Begleitende nimmt dieses Bild auf und versucht, dieses Ursprungsbild umfassender aufleuchten zu lassen. Dazu gewinnt – wie das Beispiel zeigen will – das Bild durch gezielt aufschlüsselnde Fragen mehr und mehr an Plastizität. Je plastischer das Bild erfahrbar wird, umso mehr schwingt an Bedeutung für den Trauernden mit. Kleinschrittig geht der Begleitende beim Entfalten, beim Erwärmen des Bildes vor. Diese Methode ist vergleichbar der Entwicklung eines Bildes: Punkt für Punkt fügt sich nach und nach zum Ganzen zusammen. Das folgende Beispiel soll erkennbarer machen, was die Methode des Erwärmens zum Wohle des Trauernden öffnen kann.

T: Ich bin durch meine Trauer in meiner Kraft wie gelähmt.
TB: In welchem Raum finden Sie sich mit ihrer gelähmten Kraft?
T: Ich weiß es gar nicht. Ich sehe fast nichts.
TB: Es gibt keine Konturen.
T: Ich sehe sie noch nicht.
TB: Hat es Farben da?
T: Ja, eindeutig, grau, das schwimmt zwischen hellgrau, dunkelgrau und schwarz. Es schwimmt.
TB: Es ist nichts greifbar, aber da.
T: Ja.
TB: Ist es eher dunkel?
T: Ja, eher dunkel – aber ich sehe eben, wie die Farben schwimmen.
TB: Stehen Sie darin in diesen schwimmenden Farben, grau, schwarz?
T: Ja, mittendrin.
TB: Schwimmen Sie mit?
T: Nein, ich werde mitgeschwommen. Komisch, nicht?
TB: Mitgerissen?
T: Nein, es ist eher unheimlich leise.
TB: Gibt es dennoch ein Geräusch da?
T: Ich höre nichts. Hören Sie was?
TB: Wenn Sie da – wie Sie sagten – mitgeschwommen werden: Fühlen Sie sich federleicht?
T: Federleicht kann ich nicht sagen. Feder ist zu beschwingt. Ich fühle mich weder leicht noch schwer.

Beispiel 1: Methode des Erwärmens als Zugang   131

TB: Spricht das Grau zu Ihnen – oder das Schwarz?
T: Komisch, wo Sie es gerade sagen: Ja, das Grau spricht und das Schwarz auch, aber nicht mit mir.
TB: Die Farben sprechen miteinander?
T: Ja, sie streiten sich. Und ich stehe mittendrin. Ach, jetzt stehe ich plötzlich. Ich schwimme gerade nicht.
TB: Ist das angenehmer?
T: Ja, viel angenehmer.
TB: Stehen Sie in einem großen Raum?
T: Ja, sehr groß, wie ein Keller ohne Türen und Fenster.
TB: Gruselig?
T: Nicht einmal. Im Moment denke ich nicht an Fenster und Türen. Ich bin mittendrin und lausche.
TB: Ob da noch Geräusche sind?
T: Nein. Ich will verstehen, was das Grau und das Schwarz sich sagen.
TB: Kämpfen die?
T: Ich glaube, die sprechen über mich.
TB: Stehen Sie gerade fest auf dem Boden?
T: Ja, sehr fest. Ich spüre, wie meine Beine auf festem Betonboden stehen.
TB: Grauem Boden?
T: Ja, grau, wie halt so Kellerböden mit Estrich grau sind.
TB: Hören Sie, was Grau und Schwarz miteinander besprechen?
T: Sie sprechen so, dass ich sie nicht verstehe.
TB: Macht das Angst?
T: Nein. Ich stehe ja fest. Seltsam, wie fest ich da stehe.
TB: Könnten Sie sich bewegen, wenn Sie wollten?
T: Im Moment noch nicht. Ich muss auf etwas warten.
TB: Auf ein Kommando von außen?
T: Kann sein. Vielleicht müssen Grau und Schwarz sich einigen, wer mir was sagt.
TB: Wollten Sie denen was sagen?

T: Jetzt nicht, später vielleicht mal.
TB: Ist es kalt im Keller?
T: Nicht direkt kalt. Aber auch nicht kuschelig.
TB: Sie wollen weg?
T: Jetzt noch nicht.
TB: Später?
T: Ganz gewiss.

Damit endete dieses Erwärmen des Bildes von der gelähmten Kraft. Die Erwärmung hat für den Trauernden eine Beruhigung ergeben. Er weiß kraft dieses in ihm ruhenden Bildes, dass er jetzt in einem Zustand der Inaktivität gebunden ist. Die Botschaft dieses Bildes unterstreicht, dass das nicht angenehm ist, aber auch kein Dauerzustand sein wird. Er gewinnt über das Bild die Geduld, die Kraft reifen zu lassen. Er hat die Zuversicht, dass er schon merken wird, wann die Kraft ihm wieder zuwächst. Er erfasst emotional, dass er noch nicht durch seine Trauer durchgegangen ist. Er wird diesen Weg schaffen. Es braucht Geduld. Er hat Geduld als Reserve in sich – dunkel und ungemütlich und unbeeinflussbar wie für ihn die Lebenssituation gerade ist.

Das Erwärmen des Bildes konnte ihn in Kontakt bringen mit seinem inneren Wissen um seinen aktuellen Zustand und zur Perspektive, die ihm offenstehen wird.

4.2 Beispiel 2: Uns begegnet die große Frage des Warum!? (T)

Warum lässt Gott das zu? Diese Frage ist vielen bekannt, die mit Trauernden gehen. Sie ist eine Frage, die sich aus Ohnmacht, aus Angst, aus Widerstand, auch aus Wut stellen kann. Ohnmacht, weil etwas hinzunehmen ist, auf das wir keinen Einfluss haben; Angst, weil diese mangelnde Kontrollmöglichkeit eine Ergebenheit fordert, der wir uns nicht unbedingt gewachsen fühlen; Widerstand, weil wir diese Zumutung gegen die eigenen Lebensvorstellungen nicht hinnehmen mögen; Wut, weil aus Ohnmacht, Angst und Widerstand sich Aggressionen zusammenbrauen können.

Als durch die Trauer Mitgehende können wir das Empfinden womöglich selbst sehr gut nachvollziehen, stellt sich uns diese Frage doch auch immer wieder. Als gute Begleitende wissen wir, dass wir die Unterscheidung hinbekommen wollen, was unser und was das Thema unseres Gegenübers ist. Es gilt vor allem, die Fragestellung unseres Gegenübers verstehen zu lernen und möglichst hilfreich mitgehen zu können. Warum Gott das zulässt? – niemand weiß darauf eine angemessene Antwort. Jede Antwort kann nur eine Mutmaßung sein. Auch Mutmaßungen können hilfreiche Erklärungsmuster bieten; sie können aber genauso gut richtig danebengehen.

In einem Austausch um die Frage, warum Gott das zulassen kann, gilt es, alle Aspekte mit zu bedenken, die denkbar hinter einer solchen Frage stehen. Das Gespräch wird zeigen, wo der Hauptakzent gesetzt sein mag.

Ein denkbarer Gesprächsverlauf:
T: Ich stelle mir immer wieder die Frage: Warum kann Gott das zulassen? Überhaupt: In meinem Kopf geistert die ganze Zeit dieses Warum umher. Ich kann das gar nicht stoppen. Es ist immer da, selbst nachts: Es ist immer da, sobald ich wach bin.
TB: Das ist kaum auszuhalten. Eine quälende Frage, die Sie überhaupt nicht zur Ruhe kommen lässt.
T: Genau so ist es: Ich bin bald aufgefressen von dieser ewigen Quälerei. Von Ruhe keine Spur.
TB: Dass Ihr Mann nicht mehr lebt, das ist unbegreiflich.
T: Ja, das ist unbegreiflich. Er war noch so jung, gerade mal 51 Jahre. Er hatte so viel vor. Und war nie ernsthaft krank.

TB: Sein Tod hat alles durcheinandergebracht. Die Verlässlichkeit darauf, wie das Leben Regeln folgt – eben zum Beispiel, dass man mit 51 einfach viel zu jung ist, um sterben zu müssen.

T: Und dass er mit seinem Leben mit 51 längst nicht alles hat machen können, was zum Beispiel mein Mann noch alles vorhatte.

TB: Ein so früher Tod ist ein Unrecht. Und dafür muss doch jemand verantwortlich sein.

T: Ob es ein Unrecht ist – das wage ich ja nicht zu sagen. Mir kommt es nicht recht. Aber ein Unrecht – wenn ich so denke, was in der Welt alles vorkommt – ein Unrecht ist es nicht, aber mich trifft es sehr hart. Und ja, dafür muss jemand die Verantwortung übernehmen.

TB: Diese Verantwortung trägt Gott? – Wenn Sie fragen: Warum lässt Gott das zu?

T: Gott wird es nicht kratzen, wenn ich ihm die Verantwortung für den Tod meines Mannes vorwerfe.

TB: Aber dass selbst eine Instanz wie Gott diesen Tod nicht verhindert hat, das tut doch unendlich weh.

T: Ja, es tut unendlich weh. Ich muss es einfach hinnehmen.

TB: Die Ohnmacht ist so schwer auszuhalten.

T: Ja, bisher haben wir – mein Mann und ich – immer alles irgendwie geregelt bekommen.

TB: Sie haben es in der Hand haben können, konnten drauf aufpassen, was geschieht und was zu verhindern war.

T: Das stimmt: Wir haben immer die Kontrolle behalten über das, was geschah. Wir haben auch schwere Dinge durchgetragen – aber es war fast immer gewährleistet, dass wir irgendwann die Oberhand bekommen haben. Dann war es wieder regelbar.

TB: Und der Tod Ihres Mannes war nicht mehr durch Sie zu steuern. Eine solche Ohnmacht trifft Sie schwer.

T: Sehr schwer. Mein Weltbild bricht zusammen: Ich habe immer gedacht, dass wir alles irgendwie in der Hand behal-

ten – das habe ich ja schon gesagt –, aber jetzt muss ich es nehmen, wie es ist.
TB: Das ist kaum auszuhalten – und muss doch ausgehalten werden.
T: Ich weiß nicht, wie lange ich das aushalten muss, wie lange ich das noch aushalten kann. Ich habe eine riesige Wut auf den Tod – dass der so mächtig ist. Ich denke sogar, der lacht mich von der Seite aus, weil er einfach immer stärker ist.
TB: Zu der Ohnmacht auch noch Häme, das macht es noch unaushaltbarer.
T: Manchmal denke ich, dass er mich herausfordert, dieser Tod mit seinem Lachen.
TB: Was könnte er von Ihnen wollen?
T: Mir zu verstehen geben, dass ich das werde hinnehmen müssen – diesen Tod meines Mannes, meine Verlassenheit, meine Trauer, vor allem aber meine Niederlage, dass ich (eigentlich ja immer mit meinem Mann zusammen, der war da noch erpichter drauf, alles unter Kontrolle halten zu können) nicht alles in der Hand habe.
TB: Das ist eine bittere Belehrung durch den Tod?
T: Ich weiß nicht – bitter nicht, aber hart.
TB: Hart, weil so unausweichlich.
T: Ja. Und wenn ich nicht mehr weiter weiß, dann denke ich an Gott. Ist ja auch kindlich.
TB: Kindlich ist ja nicht schlecht. Es hat auch etwas Vertrauendes.
T: Genau: Wenn ich an Gott denke, dann denke ich, dass das immer zu meinen Gunsten ausgehen muss. Wir haben immer vom »lieben Gott« gesprochen. Das haben wir als Kinder. Als Erwachsene haben wir eigentlich kaum noch von Gott gesprochen – eben dann, wenn wir in einer Krise waren (wie in der Unausweichlichkeit der Krankheit meines Mannes) oder wenn wir seine Macht, nach Tragödien bei uns oder in der Welt, sein Liebsein infrage stellten.

TB: Ist es annehmbar, dass Gott nicht nur lieb ist?
T: Muss ich ja, die Wirklichkeit zwingt es mir ja auf.
TB: Ist Gott dann überhaupt noch eine Größe für Sie?
T: Ich weiß es im Moment, ehrlich gesagt, gar nicht. Zugleich aber geht mir durch den Kopf, was, glaube ich, auch in der Bibel steht: Wohin soll ich sonst gehen – mit all dieser Ohnmacht, mit meinem Schmerz, meiner Trauer, mit meiner Sehnsucht, irgendwie wieder mit meinem Mann zusammenzusein?
TB: Denken Sie, dass es einen Draht Gottes zu Ihnen gibt, jetzt, in all diesen Unklarheiten?
T: Ich weiß es nicht. Manchmal wünschte ich es mir.
TB: Warum Gott das zulässt – wie klingt dieser Satz in Ihnen, jetzt, in diesem Augenblick?
T: Der Satz steht. Ich sage ihn jetzt – anders als vorhin – eher erschöpft. Ich muss lernen anzunehmen, dass mein Mann tot ist. Das fällt mir unendlich schwer. Und wenn ich vernünftig drüber nachdenke, so ist das Sterben das Schicksal aller Lebewesen. Nur so früh hätte ich meinen Mann nicht verlieren wollen. Aber er wäre auch gestorben, wenn es gar keinen Gott gibt.
TB: Das tut unendlich weh, einen so bedeutenden, geliebten Menschen in den Tod abgeben zu müssen.
T: So ist das mit dem Leben. Das wissen wir ja. Aber wenn es einen trifft – wie mich jetzt –, dann spielen die Gesetzmäßigkeiten der Natur keine Rolle. Dann bin ich einfach auf den Tod traurig.
TB: Ja, auf den Tod traurig.

Hilft die Bindung an eine höhere Macht?

Wie ist es möglich, einem Menschen zu helfen, der in Schwermut oder gar Depression gefallen ist und keinen Halt in einer höheren Macht, in das Göttliche, in Gott finden kann?

Mag sein, dass wir als Begleitende uns angebunden fühlen an diese höhere Macht, die vielleicht unterschiedliche Namen haben kann, aber als eine Instanz empfunden wird, die einen alles übergreifenden Sinn des Daseins ausmacht. Als Begleitende in der Trauer erleben wir Menschen, die diesen Zugang nicht haben. Ist es möglich, einen solchen Zugang zu schaffen?

Gewiss wird es nicht möglich sein, mit vielen Sätzen oder Glaubensbekenntnissen einen Menschen aus der Tiefe einer Verlassenheit lösen zu können. Es mag solche Ereignisse geben; die Regel sind sie nicht. Gerade wenn wir als Mitgehende uns persönlich gehalten glauben, ist es schmerzlich mitzuerleben, dass ein Mensch sich in eine tiefe Haltlosigkeit verliert oder verloren hat.

Es gibt keine Patentlösung, die einen Menschen befreit. Das eine ist das Mitaushalten solcher Lebenszustände; auf der anderen Seite kann das Mitgehen schon Ausdruck sein, dass es auch eine andere Seite der Lebenserfahrung gibt, die dem Schwermütigen im Moment nicht greifbar ist. Manchmal ergibt sich die Nachfrage, was denn den Mitgehenden trägt. Dann ist eine persönliche Antwort gefragt, die sich aber nicht als auch für den Trauernden tragend erweisen muss. Manchmal ist es eine Frage der suchenden Orientierung.

Ein junger Mann, erfolgreich im Beruf, wird ab und an von Gram, Schwermut und auch Depression befallen. Er tut sich unendlich schwer, diese Zustände auszuhalten. Es gelingt ihm, seine beruflichen Pflichten zu erfüllen – aber sobald Freiräume – wie Wochenende – sich auftun, legt er sich ins Bett und hat keinerlei Bezug zu seiner Lebenskraft. In diesen Zuständen ist er kaum zum Gespräch fähig, alles ist zu anstrengend. Auch Menschen in der Nähe sind eine quälende Anstrengung.

Aus guten Tagen weiß der freundschaftlich Mitgehende, dass der junge Mann keinerlei weltanschauliche Bindung hat.

Zumindest nicht eine solche mit Bezug zum Göttlichen. Das alles sei eine Erfindung der Menschen, um ihr Elend besser aushalten zu können. Er selbst fiele darauf nicht herein. Ihm ist dann bewusst, dass er das Elend immer wieder am eigenen Leib erfahren muss. Diese Erfahrung ist für ihn kein Grund, eine andere Vorstellung zu entwickeln.

Die Gespräche in gesunden Tagen leben vom Respekt der unterschiedlichen Deutungen der Bindung des eigenen Lebens. Der Begleitende weiß sich eingebunden in eine Gotteszusage, auch wenn er selbst immer wieder mit den grundlegenden Infragestellungen dieser Gewissheit ringen muss. Fast keine Aussage über Gott kann er tun, ohne nicht gleich die Frage hinterher zu stellen: Oder ist das alles Konstrukt des menschlichen Geistes, der die Kränkung seiner Vergänglichkeit nicht hinnehmen will?

Dem jungen Mann hilft das Wissen, dass sein Freund eine andere Weltdeutung hat. Es ist der Respekt, der ihm hilfreich ist, weil er auch den Respekt vor seiner gottlosen Weltdeutung spürt. Seine Schwermut deutet er selbst als einen Ansturm der Sinnlosigkeit, der er sich nicht widersetzen kann. Der Begleitende fragt sich immer wieder, ob eine Bindung an diese höhere Macht (wie immer sie benannt wäre) eine Lösung aus den Fängen der Sinnlosigkeitserfahrung sein könnte. Wenn es so sein könnte – er weiß den Zugang nicht, wie der junge Mann zu öffnen wäre, um diese Möglichkeit einer Einbindung in einen übergeordneten Lebenssinn anzuschauen.

Es gibt die aus sich wirkende Lösung nicht. Es gibt das Beisammenbleiben im Ringen um das, was Leben erhält und ermutigt. Der Begleitende denkt, dass es eine Hilfe sein könnte, sein Leben nicht aus sich allein sinnvoll beweisen zu müssen. Wie das dem zu Begleitenden zugesprochen sein kann, das weiß er nicht – außer in der Zusage seiner mitgehenden Treue.

Die Antwort des Hiob als Beispielerzählung (T/TG)
Seit Menschengedenken haben Leute versucht, die Wirklichkeit des Leidens mit der Wirklichkeit eines Lebenssinns oder der Wirklichkeit Gott zusammenzubringen. Es hat sicherlich viele Versuche gegeben, Gott zu rechtfertigen für das, was auch an Leid in der Welt geschieht. In unserer aufgeklärten Gesellschaft wird es immer fragwürdiger, solchen Deutungen zu folgen.

Nach dem Kindstod des Sohnes sind die jungen Eltern fassungslos. Sie stehen an dem Bettchen, das jetzt leer ist. Sie wiederholen stetig, wie es gestern Abend war, wie sie ihren Florian ins Bettchen gelegt haben, wie er zufrieden eingeschlafen sei, wie sie zusammen im Wohnzimmer gesessen haben, sie ab und an in das Kinderzimmer gegangen seien, um nach ihrem Schatz zu schauen, wie der friedlich an seinem Schnuller nuggelnd schlief – wie sie vor dem eigenen Zubettgehen noch einmal nach ihm geschaut haben, wie er ganz normal atmete – und wie sie ihn am anderen Morgen tot in seinem Bettchen gefunden haben. Diese Unfasslichkeit erzählen sie wieder und wieder. Die Mutter des jungen Vaters ist auch im Raum und sagt: »Was für einen Sinn das hat, das weiß nur Gott.«

Als anwesendem Mitträger dieser abgründigen Trauersituation stellt sich mir die Frage, ob das überhaupt so sagbar ist: Wir kennen den Sinn nicht, aber Gott kennte ihn. Mir wird deutlich, dass wir angesichts der Radikalität des so tragischen Todes schwerlich über einen Sinn Gottes nachdenken können. Die Sphäre Gottes ist gänzlich anders als unser Denken. Wir können nur in der Begrenzung von Raum und Zeit denken, darin gibt es etwas, was wir als Sinn qualifiziert haben, nach gesellschaftlicher Übereinkunft. Aber alles, was Raum und Zeit übersteigt, übersteigt unsere Beschreibbarkeit. Wir können bestenfalls in Analogien unsere Gedanken dazu entwickeln – aber immer im Wissen, dass diese unsere Überlegungen das

Eigentliche nicht treffen. Das Eigentliche ist jenseits unserer Aussagefähigkeit. So auch die Feststellung, dass Gott einen Sinn in diesem Kindstod sehe.

Auch in der Lehrerzählung über Hiob geht es um die Sinndeutung des Elends, das der Protagonist der Geschichte, der gottesfürchtige Hiob, ertragen muss.

Die Erzählung des Alten Testamentes entwirft die Szene, dass Gott und der Satan miteinander ins Gespräch kommen. Der Satan wirft ein, dass ein frommer Mann wie Hiob zum Beispiel doch nur so lange zu Gott hält, wie er sich von Gott gesegnet weiß – durch Wohlstand, durch Gesundheit, durch eine kinderreiche Familie. Gott geht mit dem Satan die Wette ein, dass bei Menschen wie Hiob das Vertrauen in Gott mehr zähle als all die Wohlständigkeiten, mit denen sich jemand gesegnet fühlen darf. Gott und Satan schließen eine Wette ab, an der sich das Vertrauen des Hiob erweisen solle. Der Satan bekommt freie Bahn – nur das Leben darf er Hiob nicht nehmen. Der Satan schlägt zu – erst vernichtet er den Wohlstand, dann die Gesundheit, dann den Schatz der Familie – alle Kinder Hiobs sterben. Eine zerreißende Probe eines Gottvertrauens. Seine Frau verhöhnt ihn, weil er an seinem Gott festhält.

Drei Freunde treten auf. Zunächst sind sie vorbildlich: Sieben Tage und Nächte saßen sie bei ihm auf der Erde und sprachen kein Wort: »Denn sie sahen, dass der Schmerz sehr groß war.« Und dann schließen sich heftige Auseinandersetzungen an, in denen Hiob erst mit den Freunden in Streit über die Ursache seines Unglücks gerät, dann schließlich der Geschundene in eine offene, anklagende Auseinandersetzung mit seinem Gott geht – allerdings, ohne ihm letztlich abzuschwören.

Die Geschichte um Hiob endet in einer Rede Gottes, in der seine Souveränität und Unergründlichkeit Ausdruck finden. Wer ist der Mensch, dass er Gott verstünde? Wer ist das Menschlein angesichts der Erhabenheit aller Schöpfungsgröße?

Die Frage nach dem Grund und Sinn des Leidens findet keine letzte, überzeugende Antwort. Es bleibt der Aufruf zum Respekt vor der Andersartigkeit Gottes – und zum Vertrauen in diese Lebenskraft, die das Menschenmögliche grundsätzlich übersteigt. Die Erzählung des Hiob endet nicht verzweifelt – sie findet ein Happy End, denn in der biblischen Erzählung darf der Lebenshinderer, der Satan, nicht obsiegen.

Diese Lehrerzählung um Hiob kann in der Begleitung der Trauer angezeigt sein, wenn es um die Frage des Warum in Bezug auf die Macht Gottes geht. Es ist eine Geschichte, die aus der Kultur ihrer Entstehungszeit verfasst ist, die aber – auch in Ausschnitten – ein hilfreicher Denkanstoß sein kann.

4.3 Beispiel 3: Die Möglichkeit der Wiederverbindung (TB)

Trauerbegleitende können mit der psychodramatischen Methode behilflich sein, das innere Wissen der Trauernden ins Bewusstsein zu bringen. Hierzu ein Verlaufsbeispiel.

Eine Tochter hat ihren Vater lebend nicht mehr gesehen. Sie hatten über Jahre ein angespanntes Verhältnis zueinander. Das hatte sich im Älterwerden des Vaters gelöst. Die Tochter hat ihren Vater, als er in ein Pflegeheim umzog, regelmäßig besucht. Sie sprachen über alles Mögliche, über viele Banalitäten des Alltäglichen. Über Beziehung und schon gar Beziehungsstörungen konnte der Vater nicht reden. »Kind, das haben wir nicht gelernt«, pflegte er – wenn auch liebevoll – abzuwehren, wenn die Tochter über die Zeit der schweren Kommunikation mit ihm reden wollte. »Lass gut sein!«, wehrte er ab. In der Tochter kochte Wut auf, weil sie der Ansicht war, dass der Vater gehörigen Anteil an diesem Missverhältnis hatte; aber an ihr nagte auch das Wissen um ihren eigenen Anteil an dem Zerwürfnis, ihre Sturheit und Besserwisserei und ihre Unfähigkeit, den Vater in seiner Begrenztheit anzunehmen. Jetzt, da er tot ist, überfällt sie immer wieder einmal diese ungeklärte Verbindung.

In einer psychodramatischen Sequenz war es möglich, eine Begegnung mit dem Vater zu inszenieren. Er liegt schwach im Bett, sagt sein übliches »Lass gut sein!«. Die dann ausgespielte Begegnung macht es der Tochter möglich, sich nicht durch diesen Spruch entmutigen zu lassen, sondern ruhig das Gespräch weiterzuführen. Mal nimmt die Tochter die Rolle des Vaters ein, mal ihre eigene. Sie spricht aus der Rolle des Vaters das, was sie – unbewusst – als die Sätze und Gedanken des Vaters in sich selbst weiß. In dem Gespräch auf der psychodramatischen Bühne werden die Rollen immer wieder getauscht. So kommt ein wirklicher Dialog zustande. Die Stimme des Vaters speist sich aus dem, was die Tochter schon immer dachte, dass es der Vater so dachte. Ihr eigenes inneres Wissen spielt sich da aus. Mit diesem ihrem Wissen sitzt sie auch in der Qual des ungeklärten Verhältnisses zu ihrem Vater.

Am Ende der psychodramatischen Spielsequenz weiß die Tochter, dass ihr Vater Grenzen emotionaler Ausdrucksfähigkeit hat, dass aber ganz viel Gefühl für seine Tochter da ist und dass es ihm leid tut, sich nicht ausdrücken zu können und der Tochter kein erlösendes »Ja« und »Ist verziehen« und »Hab selbst mit dran Schuld gehabt« und »Bin froh, dass wir uns wiedergefunden haben vor meinem Tod« zusprechen zu können.

Mit diesem ausgespielten inneren Wissen kann sie einen weiteren Schritt ihres Trauerweges gehen. Sie kann die Grenze des Vaters akzeptieren, weil sie sie in seiner gespielten Rolle selbst so gespürt hat. Sie hat keinen Anspruch mehr, dass der Vaters sich ihr genau so zeigen müsste, wie sie aus ihrem Empfinden heraus es gebraucht hätte. Sie hat begriffen, dass der Vater und sie nicht eins sind, sondern zwei Menschen mit eigenem Erfahrungswissen, mit eigenen Wünschen, Bedürfnissen und Grenzen.

Das innere Wissen gehört zum Schatz der Erfahrungen, die in einem Leben zusammenkommen. Man sagt, dass dem Leben nichts verlorengeht. Manche Erfahrungen verabschieden sich schnell in die verschlossenen Kammern des Vergessens oder der Verdrängung. Andere Erfahrungen schlummern und sind aufweckbar, wenn die aktuelle Situation sie aufruft. Wieder andere Erfahrungen sind ständige, wache Begleiter, jederzeit bereit, Ereignisse einschätzen zu können. Gerade in Grenzsituationen – wie auch der Trauer – kann das innere Wissen ein hilfreicher Begleiter sein, um den Verlust recht einordnen zu können.

4.4 Beispiel 4: Wo ist er jetzt, der Verlorene? – Hilfen in Sehnsucht (T)

In der Begleitung Trauernder nach einem Tod ist oft die Frage wach: Wo ist er jetzt? Es ist eine Frage der Sehnsucht – sei es, dass es um die Gewissheit eines Ortes der Ruhe für den Verstorbenen geht, sei es, dass der Wunsch sich ausdrückt, an diesem Ort wieder zusammen zu sein. Auf die Frage nach dem Wo gibt es keine nachweisliche Ortsbestimmung. Es ist eine Frage der Deutung des Lebens, ob es überhaupt einen solchen Ort geben könnte. Meist ist dieses Suchen nach dem Wo Ausdruck der Vorstellung eines Ortes im metaphysischen Sinn.

In der Begleitung können Bilder dieses Ortes entworfen werden. Das kann mit Worten geschehen, das kann auch mit Gegenständen, die im Raum sind (oder zum Beispiel mit farbigen Tüchern), markiert werden. Am Ende der Ausgestaltung kann die Zusammenfassung stehen: »Das ist der Ort, an dem Sie Ihren Verstorbenen sehen – oder gern sehen wollten.« Die mitgehenden Empfindungen können von dem Begleitenden noch einmal zusammengefasst werden.

In einem weiteren Schritt bittet der Begleitende die Trauernde, ihren in diesem Moment gefühlten Abstand zu diesem Ort zu bezeichnen. Dieser Abstand zu dem gestalteten Ort wird eingenommen (oder wenn erzählt wurde, wird zunächst ein Fixpunkt dieses im Erzählen dargestellten Ortes im Raum gesetzt). Der Begleitende bittet die Trauernde, aus diesem Abstand auf den Ort des Verstorbenen zu schauen und wiederum die Empfindung zu benennen. Der Begleitende fragt dann, ob die Trauernde zu dem Ort und ihrem Verstorbenen etwas sagen möchte. Das dann Gesagte kann mit dem Begleitenden in Austausch gebracht werden.

Eine Variante ist, dass die Trauernde aus dem gewählten Abstand zu ihrem Verstorbenen einen Satz sagt. Sie kann dann durch den Begleitenden gebeten werden, auf die Seite des Ortes zu wechseln und auf den Satz der Trauernden in der Rolle des Verstorbenen zu antworten. Vielleicht ist es ein Satz der Sehnsucht, der eine Antwort findet. Diese kann einerseits beruhigend, andererseits aber auch die Sehnsucht bekräftigend ausfallen. Entsprechend wird der folgende Austausch mit dem Begleitenden weitergehen.

Das Ziel der Übung ist nicht, die eventuell vorhandene, ungestillte Sehnsucht gesättigt zu sehen. Sie soll einen Ausdruck gefunden haben. Der von der Trauernden gestaltete Ort wird vielleicht auch einen Impuls geben, die eigene Sehnsucht bestehen zu lassen und dabei den Verstorbenen aber auch an einem Ort seiner Ruhe aufgehoben zu wissen. Die Trauernde hat ihr Bild so gestaltet, wie sie eine innere Gewissheit in sich wahrnimmt. Sie wird, wenn sie aus der Rolle des Verstorbenen zu sich selbst gesprochen hat, aus diesem inneren Wissen den Satz gesprochen haben. Zum Beispiel: »Ich vermisse dich auch sehr.« Oder: »Mach dir keine Sorge um mich.« Mit diesen Sätzen geht der begleitende Austausch weiter.

Die Übung kann eine Erweiterung finden, indem nach der Begegnung mit dem Ort des Verstorbenen und vielleicht einem Austausch ein Schritt weitergegangen werden kann – einen Schritt mit der Frage, wer in der derzeit nicht überbrückbaren Trennung der Trauernden zur Seite stehen könnte. Das können Helfende in der Sehnsucht sein.

Eine um ihren verstorbenen Bruder trauernde Frau war von tiefer Sehnsucht nach ihm getrieben. Sie hatte ihn wegen seiner Behinderungen ein Leben lang betreut, in den letzten Jahren auch intensiv gepflegt. Es war eine auch von außen erkennbar besondere Beziehung zwischen den Geschwistern. Als der Bruder starb, fiel sie in ein tiefes Loch der Leere und der Verlassenheit. Sie hatte ihr ganzes Leben wesentlich nach den Bedürfnissen des Bruders ausgerichtet. Sie hat es gern und ohne Murren getan. Ihr soziales Umfeld war klein geblieben. Manche hielten sie in ihrer Art für fremd, verschroben, so dass der Tod des Bruders ein harter Schlag für ihre Lebensgestaltung war. Sie war von jetzt auf gleich bar jeder Anforderung, nach einer langen Zeit intensiver, tätiger, pflegender Sorge um den Bruder. Für sich selbst war sie genügsam geworden. Wenn sie ihren eigenen Alltag zu regeln hatte, war das ein Einsatz für ein bis zwei Stunden; die Pflege des Bruders beanspruchte und füllte den ganzen Tag mit einer sinnvollen Tätigkeit. Nach seinem Tod also dieser Leerlauf, der sich nicht auffüllen ließ, und die Verlassenheit, allein auf sich gestellt zu sein. Sie entwickelte eine große Sehnsucht nach ihrem Bruder.

In der Begleitung bat der Begleitende sie, einen Ort zu beschreiben, an dem sie ihren Bruder jetzt wähnte. Sie nahm farbige Tücher und stellte den Ort dar. Interessanterweise begann die Gestaltung mit einem großen blauen Tuch: »Das ist das Meer, das uns trennt!« Und dann ließ sie jenseits des Meeres einen hellen Raum entstehen, wie eine paradiesische Ferienlandschaft, Sonne, Strand, Ruhe, friedvolle Tiere in der Einheit mit den dort Lebenden. Vor allem ihr Bruder saß am Ufer. Er sprach nicht. Er schaute nicht zu ihr. Er schaute über das Meer. Wie sie meinte: »Glücklich und zufrieden.«

Auf die Frage des Begleitenden, wie dieses Bild auf sie wirke, reagierte sie traurig: »Er ist an einem Ort, an den ich nicht kommen kann. Er braucht mich nicht einmal mehr anzuschauen. Er scheint da richtig glücklich und zufrieden. Mir selbst tut es weh, denn ich wollte so gern bei ihm sein. Aber das geht jetzt noch nicht.«

In diese Situation fragt der Begleitende, wo sie jetzt verharren wolle. Sie sagt: »Hier, ihm gegenüber, selbst wenn er mich nicht anschaut.« Fragt der Begleitende: »Wollen Sie jemanden bei sich haben, der ihre Sehnsucht mit aushält?« Antwortet die Trauernde spontan: »Jesus«. Der Begleitende lädt sie ein, sich vorzustellen, mit Jesus am Meer zu sitzen. Und was sie miteinander sprächen. Die Frau antwortet: »Wir reden nichts. Wir schauen in die gleiche Richtung. Das genügt mir aber auch. Hauptsache, er ist da.«

Mit diesen Gedanken kann die Trauernde aus dieser Stunde der Begleitung getröstet gehen.

Dieses Trostbild muss nicht das Bild sein, das der Begleitende für sich gewählt hätte. Entscheidend ist, der Trauernden den Raum zu öffnen, in dem sie sich aufgehoben weiß. Die spirituelle Ebene ist die Eröffnung des Raumes, in dem die Sehnsucht ebenso wie die innere Gewissheit vom Zustand des Verstorbenen ihren Platz haben könnte.

4.5 Beispiel 5: Gestaltungsübung zu Jenseitsvorstellungen (TB)

Trauernde suchen nach dem Ort, wo die in den Tod Verlorene jetzt ist. Die Grenze ist der Tod. Die Frage nach dem Ort ist eine Frage in das Jenseits. Dazu entwickeln die Menschen unterschiedlichste Bilder. In der Begleitung kann die Frage nach den Jenseitsvorstellungen thematisiert werden.

Ein Übungsvorschlag: Bitten Sie die Trauerbegleitenden, fiktiv einer ihrer Trauerbegleiteten in einem Brief die eigenen Jenseitsvorstellungen mitzuteilen. Der Anlass kann vorgegeben werden:

Eine Trauernde fragte die Begleitende, was sie sich eigentlich nach dem Tod vorstellte. Ein Brief an die Trauernde verschafft den Trauerbegleitenden ein Nachdenken über die eigenen Vorstellungen. Mit denen kann ein Austausch mit der Trauernden beginnen. Ziel dieses Austausches ist nicht die Überzeugung, wer letztlich richtig liegt; Ziel ist die Annahme, vielleicht auch Ergänzung der unterschiedlichen Vorstellungen.

In einer Übungseinheit von Trauerbegleitenden können diese Briefe an Teilnehmende weitergereicht werden, die ihrerseits auf den erhaltenen Brief antworten – sei es in mündlicher Begegnung oder in Briefform. Auf der Metaebene dieser Übung kann gelernt werden, wie die persönliche Vorstellung in der Begegnung mit dem Gegenüber (in der Regel dann mit der Trauernden) zu einem Abgleich kommt. Am Austausch können die Vorstellungen reifen. Sie sind bewusst oder unbewusst mitgehende Gedanken im Kontakt zu dem Verstorbenen.

4.6 Beispiel 6: Eine andere Übung zu Jenseitsvorstellungen (in der christlichen Deutung) (T/TG)

Die Seligpreisungen in der Übersetzung von Klaus Wengst (2010) können miteinander besprochen werden. Dabei ist vorher die Grundlegung eventuell auf einem Flipchart zu entwickeln: Diesseits und Jenseits stehen in einem Bezug zueinander. Das Jenseits inspiriert die Lebenshaltung im Diesseits, als weltanschaulich geprägte Haltung. Das Jenseits ist Ort der Erfüllung von Lebenssinn, Erfüllung, die sich im Bild der ewigen Gemeinschaft und des Einswerdens mit dem Schöpfer ausdrückt. Berührung mit diesem Einswerden mit dem Schöpfer (oder der göttlichen Lebenskraft) kann ansatzweise schon im Diesseits erfahren werden.

Es folgen die Seligpreisungen in der Übersetzung und Interpretation von Klaus Wengst (2010, S. 32). Unter den Seligpreisungen sind Erläuterungen von der Konkretisierung der einzelnen Seligpreisungen durch den Autor vermerkt. Das »Glücklich« kann noch spezifiziert werden in: »Zu beglückwünschen sind die, die ...«, denn durch diese geübte Haltung können sie Gottesgegenwartserfahrung machen):

[3]*Glücklich, die bei den Bettelarmen stehen: Ihnen gehört das Himmelreich!*
  Es geht um jene, die kein Geld haben, auch die Unterdrückten, die Elenden, die Abhängigen, die Erniedrigten.
[4]*Glücklich die Klagenden: Sie werden getröstet werden!*
  Es geht um die (An)Klage der Missstände, unter denen Menschen ungerecht zu leiden haben.
[5]*Glücklich die Gewaltfreien: Sie werden das Land erben!*
  Es geht um Menschen, die selbst Gewalterfahrung gemacht haben, aber darauf verzichten, über andere Macht auszuüben.

⁶Glücklich, die hungert und dürstet nach Gerechtigkeit: Sie werden satt werden!
> Es geht um die, die ungestillt (bleibend beunruhigt) sind über das Unrecht, das Menschen trifft. Ungestillt ist der Hunger und Durst, dass die Armen nicht arm bleiben, dass die Unterdrückten nicht weiter einstecken müssen, dass die Strukturen der Ungleichheit nicht einfach hingenommen werden.

⁷Glücklich, die sich erbarmen: Ihrer wird sich erbarmt werden!
> Es geht um die Haltung des Erbarmens gegenüber Menschen, die Zeichen der Barmherzigkeit brauchen.

⁸Glücklich, die reinen Herzens sind: Sie werden Gott schauen!
> Es geht um Menschen, die in ihrer Haltung lauter sind, die nicht mit Tricks arbeiten, die nicht ausgetüftelt sich Vorteile verschaffen.

⁹Glücklich, die Frieden machen: Sie werden Söhne und Töchter Gottes heißen!
> Es geht um Menschen, die bereit sind, Frieden zu stiften, wo Streit, wo Auseinandersetzung ist.

¹⁰Glücklich die um der Gerechtigkeit willen Verfolgten: Ihnen gehört das Himmelreich!
> Es geht um Menschen, die in ihrer Überzeugung ganz klar sind – und dafür Missbilligung, Verachtung, Verfolgung hinnehmen.

¹¹Glücklich seid ihr, wenn man euch beschimpft und verfolgt und jedwedes Böse gegen euch sagt um meinetwillen. 12Freut euch und jubelt! Euer Lohn im Himmel ist groß. So nämlich hat man die Propheten vor euch verfolgt.
> Wer sich auf diese Spur der Lebensdeutung einlässt, muss mit Widerstand einer Gesellschaft rechnen, die einer anderen Logik folgt.

In einem mehrtägigen Seminar können teilnehmende Trauerbegleitende auch für einen halben Tag auf die Straße oder in eine Einrichtung geschickt werden mit der Bitte, unter dem

Blickwinkel einer dieser Seligpreisungen die diesseitige Wirklichkeit wahrzunehmen.

In der Gruppe werden die Erfahrungen ausgetauscht und am Ende noch einmal die Beziehung zwischen Diesseits und dem Orientierung gebenden Jenseits hergestellt.

(Diese Wahrnehmungsweise folgt dem Modell der Straßenexerzitien. Sie gehen davon aus, dass das normale Leben, die Straße, Ort der Gottesbegegnung werden kann. Es geht dabei um die Offenheit, das Erlebte als direkte Begegnung Gottes mit dem eigenen Leben zu deuten.)

4.7 Beispiel 7: Übung zu Anwaltschaft (TB)

In einer Gruppe Trauerbegleitender wird sensibilisiert für die Möglichkeiten eines anwaltschaftlichen Bewahrens. Ein Gruppenmitglied berichtet aus einer konkreten Trauerbegleitung – oder die Gruppenleitung stellt ein fiktives Beispiel vor. Die Gruppe hört zu unter dem Fokus, ob es etwas gibt, was von der Begleitenden »anwaltschaftlich« aufgenommen werden könnte.

Die Wahrnehmungen der Gruppenmitglieder werden ausgetauscht. Ein Beispiel wird in einem Rollenspiel durchgespielt. In dieser Szene wird geübt, wie eine anwaltschaftliche Aufgabe dem Trauernden kommuniziert werden kann. Im Anschluss an die Szene tauscht sich die Gruppe aus. Die Gruppenleiter halten einige Merkmale einer Kommunikation der Anwaltschaft fest. Zum Beispiel:
- Anwaltschaft nimmt einen konkreten, vom Trauernden benannten Anteil auf.
- Anwaltschaft nimmt die vom Trauernden benannten Vergangenheits- oder Zukunftsaspekte auf.
- Anwaltschaft fragt den Trauernden, ob es recht ist, dass die Begleitende diesen Aspekt für den Trauernden bewahrt.

- Anwaltschaft endet, wenn im Prozess des Trauerweges der Punkt erreicht ist, in dem das anwaltschaftlich Bewahrte wieder selbst übernommen werden kann.

Ein Trauernder berichtet, dass er vor dem Verlust so gesellig sein konnte, dass ihm das jetzt aber ganz abgeht und er fürchtet, nie mehr froh sein zu können.
Die Begleitende nimmt diesen Anteil aus der Vergangenheit auf und bietet dem Trauernden an, diese seine Freude am Leben für ihn zu bewahren, bis er sie selbst wieder übernehmen kann. Wenn der Trauernde irgendwann erzählt, dass er sich wieder hat freuen können, weiß die Begleitende, dass ihre Anwaltschaft beendet ist.
Oder: Ein Trauernder sagt, dass er wegen seiner Amputation nie mehr seinen Ausdauersport betreiben werde. Er wünschte sich aber, dass etwas vergleichbar Erfüllendes für ihn wieder Lebenssinn gäbe. Die Begleitende fragt, ob sie diesen heute so unrealistisch erscheinenden Wunsch bewahren solle, bis sich etwas ergeben habe. Die Anwaltschaft hört auf, wenn dieser Mann eine neue Orientierung zur Erfüllung seines Lebenssinns gefunden hat.

4.8 Beispiel 8: Übung zum Ausdruck der Klage (TB/TG)

Ein gern gewählter Ausdruck der Klage sind darstellende Arbeiten – sei die Klage in Worte gefasst oder in Bildern oder Skulpturen oder Musik oder Bewegung oder Tanz dargestellt. Klage ist eine so existenzielle Ausdrucksform, die vielfältig übersetzt worden ist. Die Klage sollte ein Gegenüber haben. Auch das kann sehr unterschiedlich sein – auch im Durchleben von Verlusten. Es kann eine Selbstklage ebenso beinhalten wie eine Klage gegen den Verlorenen oder eine Klage gegen Institutionen oder eine Klage gegen Gott.

Vor Ausgestaltung der Übung wird das Mittel der Ausdrucksform gewählt – bei einem mehrtägigen Seminar für Trauernde oder Trauerbegleitende und je nach zur Verfügung stehenden Möglichkeiten ist eine Breite der Ausdrucksformen wünschenswert. Die jeweiligen Gestaltungselemente berühren unterschiedliche Sinne und Wahrnehmungen, so dass in der Präsentation der Einzelarbeiten auch die Vielfältigkeit der Klageinhalte wie der Klageausdrucksweisen sichtbar wird. Die Vielfalt kann Ermutigung werden, der eigenen Klageweise zu trauen bzw. sie auch zu erweitern.

In der Gruppe können in der Darstellung der Einzelarbeiten auch Gruppenmitglieder eingebunden werden – zum Beispiel bei Bewegung oder Musik.

Es kann beim Schreiben eines Klagepsalms auch angeregt werden, einen wiederkehrenden Vers zu formulieren, der dann im Vortrag des Psalms von der Gruppe mitgesprochen werden könnte. Das unterstriche die Solidarität der Menschen in der Klage des Einzelnen und der Gemeinschaft.

Ein Beispiel: In einer Einzelbegleitung hat ein Mann einen Vers aus einem Psalm des Alten Testaments gewählt. Der hat ihn so getroffen, weil er sich in seiner eigenen Sprachlosigkeit darin wiederfinden konnte. Er war ein erfolgreicher Geschäftsmann und wurde durch eine langwierige, wenn auch nicht tödliche Krankheit an der Ausübung seiner Schaffenskraft gehindert. Er musste viel ruhen und hatte doch eine immer drängender werdende Unruhe in sich. Er trauerte um die Unbeschwertheit seines Lebens, um die ungehinderte kreative Kraft, die er in seinem Beruf einsetzen konnte. Er fühlte sich bedroht von einem schleichenden Sinnlosigkeitsbefall. Das führte neben der drängenden Unruhe auch zu Gemütszuständen einer verzweifelten

Kettung seiner Möglichkeiten – wie vom und am Leben amputiert, wie er klagte. In seiner Not griff er nach den Psalmen, suchte einen, der seine Unrast und gleichzeitige Verurteilung zum Stillhalten ausdrücken könnte, denn selbst fand er keine passenden Worte. »Meine Worte sind zu platt«, seufzte er, »hier könnte nur verdichtete Sprache helfen« – aber er sei eben kein Dichter.

Nach einiger Suche, nach einigen Versuchen, sich mit einem Text zu identifizieren, was sich aber immer wieder an einer gespürten Unstimmigkeit brach, stieß er auf den Psalm 42/43 und blieb bei einem Satz hängen: »Was bist du so aufgelöst, meine Seele, und was tobst du gegen mich?« (Zenger 2003, S. 252). In diesem Satz wusste er sich auf Anhieb verstanden. Als aufgelöst empfand er seine Möglichkeiten. Seele meint im biblischen Sprachgebrauch nicht das, was wir heute landläufig als »Seele«, als »Inneres« meinen. Seele heißt biblisch: Leben, Vitalität. Und die empfand der Trauernde als aufgelöst. Nicht genug, dass er dies hinnehmen musste, dass seine Lebenskraft so eingeschnürt war; er erlebte genau das, was das Psalmwort sagt: Keine Ruhe, keine Ausgeglichenheit, keine Ergebenheit in diese durch Krankheit erzwungene Auszeit – nein, das gebundene Leben war gleichzeitig aufgewühlt, wie ein gegen ihn selbst kämpfendes Element. Daher die Frage im Psalm: »Und was tobst du gegen mich!«

Der Mann nahm diesen Satz als seinen Leitsatz. Er schrieb sich seine Not aus dem Leib, setzte hinter jeden von ihm formulierten Satz den Aufschrei seiner Seele, seiner Vitalität. Er trug den Psalm vor und ließ sich durch den Begleitenden stützen, indem der immer den Kehrvers mitsprechen sollte. Das habe ihm Energie gegeben, mit seiner Klage nicht verloren allein dazustehen, sondern von der Gemeinschaft der Menschen (repräsentiert durch den Mitgehenden) darin verstanden, bestärkt und mitgetragen zu sein. Das mehrmalige Lesen seiner Klage hat ihn befreit.

In einer späteren Begegnung hat der Begleitende gefragt, ob die anderen Verse des Psalms irgendeinen Widerhall in ihm hätten. Er musste den Psalm noch einmal lesen, weil er durch den einen für ihn so passenden Satz von allem anderen abgelöst war. Er konnte den Versen etwas abringen, aber im Gespräch zeigte sich, dass er sich existenziell in diesem Aufschrei seiner Seele wiederfand. In der erweiterten Begegnung mit dem Psalm kam ein weiterer, in dem Psalm sich ebenso wiederholender Satz wie der von ihm schon gewählte, in den Blick: »Warte auf Gott! Denn ich werde ihn wieder loben können, die Rettung meines Angesichts und meinen Gott.« Auch diesen Satz schrieb er sich auf. Es war nicht der Satz seiner aufgewühlten Lebenskraft. Es wurde ein Satz der Perspektive. Er konnte ihn nicht fassen, weil er sich Gottes nicht gewiss war. Die Herausforderung der lähmenden Krankheit an sein Leben hatte ihn Gott verloren geglaubt. Irgendwann wurde dieser Satz ein Wunsch, noch nicht erreicht, aber gewollt. Im Wiederlesen seines eigenen Psalms bat er den Begleitenden, für ihn diesen Satz der Perspektive zu sprechen, wann immer er selbst den wuchtigen Satz seiner Klage gesprochen hatte.

Wie sich die Klage für ihn vielleicht gewendet haben mag, war im Prozess des Mitgehens durch den Verlust nicht ersichtlich. Seine Klage wurde leiser, je deutlicher ein Wiederbeleben der eigenen Lebenskraft kam. Die Berührung mit der Kraft der Klage geht mit dem, was die Seele, die Vitalität, bewegt. Sie ist Station auf einem Weg, dem vielleicht die Wiederverbindung mit der ursprünglichen Lebenskraft geschenkt wird. Auch die Begleitung wird sich nicht (daran sich labend) an den Schmerz des Klagenden haften. Begleitung ist mitgehen, mitaushalten, mitwandeln – und wieder lösen.

4.9 Beispiel 9: Stimmt die Liebe noch? (TB)

Gerade wenn Begleitende über ein gutes Maß an Erfahrungen verfügen, wiederholen sich auch Darstellungen der Trauererfahrung. Ab und an begegnen uns Menschen, die ihren Schmerz in einer nicht enden wollenden Wortfülle darstellen. Dann geschieht es auch, dass Menschen sich im Erzählen ihres Erlebens wiederholen. Manchmal sind auch die Gedanken der Begleitenden gerade zu der Stunde der Begegnung mit dem Trauernden auf Abwegen. Die Begleitenden müssen sich sehr zusammennehmen, um für den Trauernden gegenwärtig zu sein. Viele ertappen sich dabei, dass sie für Momente nicht bei ihrem Gegenüber sind, sondern in eigenen Gedanken sich verlieren können.

Für supervisorische Sitzungen kann es ein spannender Austausch sein, bewusst unter dem Fokus »Stimmt die Liebe noch?« die vorgetragenen Themen zu bearbeiten. Als Einstimmung, als Erwärmung, kann jede/r Teilnehmende/r etwas zum Wort »Liebe« sagen. Da Liebe auch Beziehung ist – nicht nur exklusive Beziehung zum Beispiel eines Paares –, kann die Erwärmung auch durch eine kleine Szenendarstellung erfolgen:

Zwei sitzen sich gegenüber. Die eine (als Begleitende) setzt sich mit dem Stuhl in Beziehung zu der anderen (als Trauernde) und nimmt eine angemessen erscheinende Körperhaltung ein. Diese kann im Prozess korrigiert werden. Die um die beiden versammelte Gruppe teilt sich auf Begleitende und Trauernde auf und wird gebeten, der Haltung, die sie vor sich sehen, Worte zu verleihen.

Nach dieser Sequenz teilt die Gruppe ihre Wahrnehmung. Erwärmt durch diese kleine Übungseinheit kann die supervisorische Arbeit am Einzelfall beginnen. Am Ende der Supervision kann die Leitende noch einmal den Bezug zur Übung herstellen und nach dem Einfluss auf die Wahrnehmung der behandelten Themen fragen. Ziel dieser Übung und des Austausches ist die Sensibilisierung für das Thema »Stimmt die Liebe noch?« als ein Ausdruck der wertschätzenden Begegnung zweier Menschen, die als Menschen grundlegend verbunden sind. Durch diese Verbindung bestimmt sich auch die spirituelle Konnotation dieser Frage nach der Liebe in der Begegnung.

Schlussbemerkung

Spiritualität ist etwas vom Atem, der das Leben erhält. Sie hat unterschiedlichste Quellen, aus der sie sich speisen kann. Immer ist sie Teil des Ursprungs des Lebens und zugleich Ausdruck der Ergebenheit in das, was uns am Leben erhält; zugleich ist sie Ausdruck Sehnsucht nach der Vollendung und Einladung zum Spiel des Lebens.

Das Mitgehen in der Trauer lässt sich in Dienst nehmen, das durch den Verlust teils so verwundete Leben mitzutragen auf dem Weg zu einem neuen Vertrauen. Die Haltung der Spiritualität versucht, mit im Leben zu halten.

Literatur

Hahne, W. (1999). Gottes Volksversammlung. Die Liturgie als Ort lebendiger Erfahrung. Freiburg: Herder.
Müller, M. (2018). Dem Sterben Leben geben. Die Begleitung sterbender und trauernder Menschen als spiritueller Weg (ergänzte und überarb. Neuausgabe). Gütersloh: Gütersloher Verlagshaus.
Müller, M., Schnegg, M. (2016). Unwiederbringlich. Von der Krise und dem Sinn der Trauer. Göttingen: Vandenhoeck & Ruprecht.
Schnegg, M. (2014). Erwärmen in die Trauer. Psychodramatische Methoden in der Begleitung. Göttingen: Vandenhoeck & Ruprecht.
Wengst, K. (2010). Das Regierungsprogramm des Himmelreichs. Eine Auslegung der Bergpredigt in ihrem jüdischen Kontext. Stuttgart: Kohlhammer.
Zenger, E. (2003). Psalmen. Auslegungen 1–4. Bd. 2. Freiburg: Herder.